Sex Quotient & Love Quotient

性商与爱商
创造激情与亲密的关键

Key to Creating
Passion and Intimacy

许见声／著

世纪出版集团 上海人民出版社

图书在版编目(CIP)数据

性商与爱商:创造激情与亲密的关键/许见声著.
—上海:上海人民出版社,2014
ISBN 978-7-208-12216-1

Ⅰ.①性… Ⅱ.①许… Ⅲ.①情感-通俗读物 Ⅳ.
①B842.6-49

中国版本图书馆 CIP 数据核字(2014)第 066613 号

出 品 人　邵　敏
责任编辑　邵　敏　陈　蔡
封面装帧　汤　靖

世纪文睿出品
Century Literature

性商与爱商:创造激情与亲密的关键
许见声 著

出　　版　世纪出版集团 上海人民出版社
　　　　　(200001　上海福建中路193号　www.shsjwr.com)
出　　品　世纪出版股份有限公司上海世纪文睿文化传播分公司
发　　行　中国图书进出口上海公司
字　　数　250 000
I S B N　978-7-208-12216-1/C·458

序 言

我衷心期望这本书的每篇文章以及其所揭示的要领技巧,帮助每位读者懂得如何获得美好的性与爱,为你的婚姻或情感注入更多的正面动力,创造更多的激情和亲密,使你和另一半的爱永不止息。

在我过去二十多年婚姻情感的咨询工作中,许多夫妻或情侣走进咨询室时,往往是婚姻或情感已经出现重大危机,甚至到了无可挽回的地步。他们常会有这样的感叹,如果他们能在婚姻或情感刚出现问题的时候,就做出改变和努力,也不会走到彼此伤害和怨恨的末路。

然而,我发现许多夫妻和情侣的问题根源,不在于他们不想要有性和爱,不是不想要婚姻幸福、恋爱有美好结果,而是真的不知道如何去做,或者不知道如何去改变。所以,我希望这本书不是要你懂得更多知识,而是帮助你知道如何去做,以及鼓励你切实地为你的婚姻和情感做出负责任的努力。

希望每位读者能抱持三个正面态度和做法,这样你更能获得这本书带给你的好处。首先,以开放的态度来探索和行动,不要太快地认为这样行不通或没用,唯有改变才能带来进步。其次,你自己先做出你所学习到的,而不是用你学习到的来要求或指责另一半。最后,用温和及期盼的态度和另一半一起交流,可以每次各自阅读一篇再一起讨论,并发现自己以及共同可以改变的地方,这样你们会获益更多。

谨希望这本书能带给你更多幸福的力量,也致上我最深的祝福。

许见声

目 录

第一部分：性爱商数

积极的性态度 3	开放的性协调 75
提高你的性商 5	伴侣再忙也要找时间做爱 77
女性性感密码 12	如何与男人性沟通 84
展现性感的身体语言 19	伴侣性爱契约 92
做个创意爱人 25	探索你的性爱风格 99
美好性爱的五个好习惯 32	性爱相容才有美好性爱 105
创意的性技巧 39	解决的性问题 113
诱惑能使爱火重燃 41	如何预防伴侣性疲劳 115
性幻想是唤醒激情的妙方 47	告别性冷淡 122
挑动男人的性爱视觉神经 54	伪装性高潮破坏信任和亲密 129
创造激情的性爱场所 61	老公为何对我没有性趣 136
性后戏使性爱更美好 67	解开无性伴侣之谜 142
	网络性爱侵蚀伴侣关系 149

目 录

第二部分：爱情商数

成熟的态度	159	温暖的互动	233
真爱密码	161	换个方式相处会更好	235
幸福维生素	168	尖锐冲突使爱情变质	242
友谊式伴侣	174	爱的关系界限	249
学会宽恕，爱才能永不止息	180	别做你男人的老妈子	255
幸福资本的五大杀手	187	读懂男人的内心世界	262

亲密的情感	193	减除的阻碍	269
创造幸福时刻为爱情加温	195	对付六大难缠的男人类型	271
唯有爱慕才能维系情感	202	哪种男人容易审美疲劳	278
心灵契合，学做神仙伴侣	209	如何叫男人说真话	285
七种爱的话语	216	当你所爱的人是宅男	292
融化男人冷漠的心灵	224	叫男人不敢外遇	299
		想好再说分手，婚姻关系抉择的智慧	306

第一部分
The first part

· 性爱商数 ·

SEX QUOTIENT

积极的性态度

POSITIVE ATTITUDES

提高你的性商

女性性感密码

展现性感的身体语言

做个创意爱人

美好性爱的五个好习惯

提高你的性商

"拥有高性商的人才会获得性福和幸福。"如果你还只关注智商和情商，那就落伍了，对女性而言，唯有高性商才能激发性能量和释放性吸引力，保证伴侣性生活的高质量，获得幸福的伴侣关系，所以，性商关系着女性一生的幸福。女性性商具有它独特的意义和价值，对女性而言，性往往不是"能不能"而是"要不要"的问题。女性性商以心理因素为主，包含五个主要向度：性知识、性态度、性能量、性感力、性互动。

发展性商不仅能维持伴侣性活动，更能使伴侣性关系充分获得接纳、自在、愉悦、亲密、兴奋情感的高度满足。当你拥有高性商，才能在伴侣关系里产生吸引力并维持激情，通过满意性生活提升维系伴侣关系的力量，体现性是伴侣二人身体、情感和心灵的完美结合。美好的性经验能增进伴侣亲密感，也能预防关系危机。美好性生活虽不能保证另一半不外遇，但不满足的性生活往往会导致外遇的必然发生。

你需要知道的性知识

发展性商的第一步骤是你要知道关于性或性活动的正确和健康的知识，不仅是女性方面也要知道男性方面，因为性是男女激情的互动，不仅要知道生理方面也要知道心理方面，因为性是男女身体和情感的结合。

如萱无法理解和接受的是，她和另一半才在晚餐时因一件事情意见不同发生争执，她气都还没消，到了晚上，另一半居然还想要和她有性活动，让她觉得不可思议。这样的不解就是因为如萱不了解男女在性刺激和需求上的差异，如果说男性是为满足生理需求，女性则为满足情感需求。

以下是女性最需要知道的五个性知识，若你能够完整且正确地描述该题就得分，看看你的性知识得分。

1. 男女性生理的构造和功能。
2. 男女身体性敏感地带的分布和可能反应。
3. 男女在性刺激、性需求、性反应、性高潮时的特征和差异。
4. 伴侣性活动的四阶段（性欲、兴奋、高潮和衰退期）的现象和可能问题。
5. 影响性欲的因素，包括正面和负面的因素，如情绪、关系、环境、年龄等。

你需要抱持的性态度

有句话说："态度决定高度。"你的性态度决定你的性动力，当你拥有正面的性态度，就能赋予性活动正面的意义和价值，如果你认为性能使你获得愉悦并增进伴侣亲密，你就会表现出较高的性欲望和期待，并主动积极地投入。

对晓霜来说，她觉得性只是为了满足对方的性欲，她害怕对方如果没有满足可能会离开她，晓霜这样的负面性态度，导致她觉得自己是在忍受、牺牲，可能表现出被动、冷淡或回避。

性态度是你对性或性活动的看法或观点，包括意义、价值、判断，影响你对性的动机和需求，通常来自家庭背景、父母态度、宗教信仰、社会文化、性教育。你可通过以下测验检视你的性态度，逐一作答以下题目，若你是同意该题目请打钩。作答完，计算你所得的分数，在单数题每钩选一题得 1 分，双数题为反向问题，每钩选一题就得 1 分。如果你的分数在 6 分以下，你对性可能倾向负面态度。

1. 性活动带来的亲密感对促进伴侣关系是很重要的。
2. 女性不应该主动提起性活动的需求。
3. 性需求产生是要满足双方而不是一方的。
4. 伴侣双方都应期待或要求每次做爱时都有性高潮。
5. 性绝不可以作为奖赏或惩罚的工具或手段。
6. 当伴侣出现紧张关系或有未解决的冲突，应该要停止一切性活动。
7. 当一方无意进行性活动时，向对方道歉和说明原因是需要的也是被期待要有的。
8. 即使你身体很疲累或缺乏性趣，也不能拒绝对方。
9. 伴侣应能开放真诚沟通，什么或怎样使他们有更满意的性愉悦。
10. 相处时间久了，双方或一方会自然对性生活感到冷淡。

你需要拥有的性能量

我们提到过女性性问题较多是"要不要"或"想不想"，性能量状态表现出你对性活动的欲望和期望程度高低。要达到高性商，你需要不断增强内在性能量，在伴侣性生活中释放出来。你首先要知道，影响女性性能量的因素不仅是来自生理，更多是来自心理和关系，包括情绪、自信、幻想、激情、情感、爱慕、环境。

翠凤总抱怨另一半不够体贴，猜疑他有外遇，两人经常发生争吵，她的情绪变得沮丧和抑郁，心想是自己身材不够好、不够有吸引力。而她最近因工作压力、睡眠和饮食失常导致的身材变胖，使她对性变得更没自信，经常排斥和回避另一半想要的性活动。其实，翠凤的征兆是三位女性就有一位的"性冷淡"问题，因为负面情绪、低自信、情感冲突使她的性欲望降低，呈现明显的性能量不足。

如果你已经有固定伴侣，你可透过以下测验做出性能量的自我评估，请你以过去一个月的实际情况作答，针对 1 到 3 题，你可以选择：(0) 完全没有、(1) 一个月一次、(2) 每两星期一次、(3) 每星期一次、(4) 每星期两次、(5) 每星期三或四次、(6) 每天一次、(7) 每天不止一次。针对 4 到 6 题，你可填写 0 到 7 分，7 分代表很高程度，0 分代表很低程度，分数越高代表程度越高。

1. 你和另一半有多频繁进行性活动？
2. 当你和另一半在一起时，你有多想和他从事性活动？
3. 你对另一半多久出现有性的想法或想象？（即使不在一起时）
4. 当你有性的想法或需求时，你有多强的兴趣或欲望要和另一半从事性活动？
5. 当你和另一半从事性活动时，你当时的性欲有多强？
6. 对你而言，经由和另一半的性活动来满足你的性欲有多重要？

将你每题所填的分数加起来就是你的总分，对 40 岁以下的女性，分数在 10 到 20 分表示可能有低性能量的问题，若在 10 分以下表示有明显的低性能量问题。

你需要展现的性感力

"另一半或异性认为你对他的性吸引力如何?"这就是我们要谈的性感力或性吸引力的部分,高性商的女性要能展现她独特的性感力,在身材仪表、肢体动作、说话方式、人格特质上做出改变,以吸引另一半的注意和引发激情。

你会发现许多动物擅长这方面,甚至做得比人类还好,它们经常用艳丽的羽毛、宏亮的叫声、强壮的身体或强大的力量,吸引异性注意和产生好感。在伴侣关系里,男女往往忽略吸引对方的意愿和力量,使双方激情很快熄灭。性感力强调"你对另一半或异性,你能……",是要有具体的行动,而不仅是我知道。

你可以从以下几个题目知道你现在的性感力如何,你回答同意的题数越多,代表你的性感力越高。

1. 你能保持身材适中,并能展现出身材优势和改善不足之处。
2. 你能关注和调整你的穿着、发型、眼神、眼镜样式、化妆、皮肤、配饰、身体味道。
3. 你能使用身体语言散发性感力,包括微笑、眼神、坐姿、站姿、走姿、调情小动作。
4. 你说话时语气温和、快慢适中、具有内涵,让人感到悦耳、舒服。
5. 你能了解和表现出另一半所欣赏的特质。
6. 你具有让人感到性感的特质,如开朗、热情、体贴人、优雅、自信、温柔、善解人意、情绪稳定、幽默有趣、有爱心。

你需要学会的性互动

性商最高的体现是在伴侣的性互动过程中，高度性互动能力使伴侣双方能主动积极做出身体和情感的投入，激发双方的欲望和兴奋感，在性活动中获得愉悦和亲密。

春燕很不满另一半总是很晚才上床，不是因应酬晚归，就是看电视或打游戏，常在她很疲累的时候想要有性活动。春燕常是边拒绝边抱怨，有时另一半性欲高涨，她只好勉强配合，但总是一直催促对方"快一点"、"好了没有"，最后，两个人都心存不满。通过这个故事，你会发现他们二人不仅没有好的性沟通，也缺乏性过程中需要的技巧。

性互动是表现在"你和另一半能……"，最主要的是性沟通和性技巧。你可以从以下问题评估你和另一半的性互动能力，你回答同意的题数越多，代表你们的性互动能力越高。

1. 你和另一半能对性活动的期待和问题做出讨论和协调。
2. 你和另一半在性行为之前，有美好的身体和情感的前戏，如感性的谈话、亲密的爱抚。
3. 你和另一半能使性活动更多样化，如尝试一些新的姿势或在不同地方，注入更多的乐趣。
4. 你和另一半能在性过程中分享性想象，如浪漫的幻想或美好时光的回忆，以触动激情。
5. 你或另一半无意进行性活动时，应做出有技巧的拒绝，避免给对方勉强或羞辱的感觉。

6. 你和另一半能彼此了解，找出让对方感到兴奋的方式，并使用创意的方法来点燃它。

性是上帝给每对伴侣最为独特和美好的礼物，因此，你需要充实健康的性知识、建立正面的性态度、提升你的性能量和性感力、创造美好的性互动，从而发展和提高你的性商来接受并尽情享受这份礼物。

女性性感密码

唯有女性散发性感力才能吸引优质异性，也才能在恋爱和婚姻生活中不断保持激情，并拥有"性福"和"幸福"。当男女双方不再彼此吸引，两人的激情全然消退，就会像即将熄灭的火，会变成"我们只有亲情没有爱情"或者"我对你已经没有感觉了"。所以，开发和释放你的性感力，产生对男性的性吸引力，激发他的性欲望和需求，这不仅是单身女性的重要课题，也是已婚女性的必备能力。

提到性感，有人会联想到要有姣好脸孔、丰满身材和娇甜声音，其实这只是表现性感力的一小部分，美好的身材和外表可能为你赢得一些异性目光或"回头率"，但通常是暂时或表面的，要想在伴侣或老公面前维持性感，那就需要内在和外在兼顾。

对于性感的七大误区

要提升你的性感力，首先你要先对性感有正确的理解，以下是女性对于性感力常见的七大误区：

1. 性感是年轻女性专属的。性感和年龄没有必然的关系，有庸俗和无趣的年轻女性，有韵味和风情的成熟女性。
2. 性感就是要靠脸蛋和身材。老实说，脸蛋和身材虽然能引人注意，但这只是一小部分，性感是由你整个人散发出来的，包括你的肢体动作和特质。

3. 性感是天生的、没办法强求的。这是不想改变的借口，性感是努力出来的，不要相信所谓的天生丽质，许多表现性感的因素都是塑造出来且可改变的，如仪表、说话方式。

4. 性感就是卖弄风骚。这是大错特错的想法，性感是对异性有性吸引力，能激发对方的激情和性欲望，这是情侣和夫妻维持爱的重要力量。

5. 性感是婚前的事，结了婚就不重要了。就如我们说过的，性感力在婚前是吸引优质男性的力量，在婚后是维系亲密和激情的力量，所以，在婚前婚后都不可少。

6. 性感是为别人或男人而做。性感力是男女互动产生的奇妙力量，表现出性感首先是为你自己，使你自己先感到愉悦、自信、认同和幸福。

7. 性感都是外在的。性感是外在和内在都要有的，即使是外在的部分，也是由内而外，你的品位决定你的穿着，你的特质决定你的肢体语言，你的内涵决定你的说话内容。

性感力来自于你的身材仪表

让你的身体能表现出性感，你需要学会展现你身体的优势，同时也能改善不足的地方。首先，我们谈到身形，如果你有所谓的魔鬼般的身材那很好，没有也无所谓，只要拥有健康的身材比率就好，有人喜欢环肥、也有人钟情燕瘦，但过胖或过瘦不仅减弱性感力，也会造成健康问题。如果你明显过胖，你需要通过饮食习惯和运动锻炼做出调整。

曾有项对男性的调查，列出了十项男性认为和性感有关的身体因素，除了身材外，还有穿着、发型、眼神、牙齿、眼镜样式、化妆、皮肤、配饰、身体味道。因此，你可以在你的身材仪表上做出以下的改变来提高你的性感力。

- 穿着上展现你身材优点和修饰缺点，不要过度保守、包得紧紧的，也不要过度暴露、让人反感，衣服有时尚感且不俗气，也要合乎年龄的打扮，不要装可爱或变得老气。
- 穿着和打扮上能适当地展现你的身体性感部位，一般性感的象征包括胸部、臀部、锁骨、小腿、腰、眼睛。
- 飘逸长发和俏丽短发都各有所长，但避免怪异发型或太卷，染发颜色不要太过于鲜艳，如黄色、红色之类的。
- 保持洁白且整齐的牙齿，不要让你牙齿泛黄或有污垢，牙齿排列不整齐，不仅影响美观也影响健康，可以考虑矫正治疗。
- 适当的化妆是加分，如淡的粉底、腮红和口红，但过度浓艳的化妆会起到反效果。
- 弹性而不松垮的皮肤，肤色白皙为你的性感力加分，避免暗沉或暗黄。

还有些生活习惯也会使性感大打折扣，或让男性无法忍受，例如腋毛不刮、腿毛过长、面有胡须、呼吸如气喘、有狐臭或口臭、私处有异味、穿着睡衣或内衣到处晃，这些方面的问题都需要你努力改善。

性感力来自于你的肢体动作

善用你的身体语言，在举手投足间散发你的性感力。淳明经常提到他会被香梅的甜美笑容、深情眼神和优雅举止所深深吸引，而这些方面是可以通过练习获得的。以下是最能吸引男性的四大姿态动作，你可以尝试去做，并成为好的习惯，自然表现出来。

- 微笑：经常带着自然的笑容，能让人感觉温暖、可亲近，一颦一笑释放性感力，要记得是微笑，而不是傻笑或大笑。不要经常摆着臭脸，会让人感到厌烦、距离感，并觉得你是冷漠的人。

- 眼神：眼神可以传达许多情感信息，一个会放电或性感的眼神，通常是有神而不是呆滞的。当你和对方谈话时，要和对方有眼神的接触，你可以试试用深情眼神看着对方。

- 三姿：女性的坐姿、站姿、走姿也能表现优雅和挑逗的性感力，坐下时保持上半身自然挺直、双脚交叉斜坐；站立时双手自然下垂或置于腹部前，不要手抱胸或叉腰；调整自己走路的姿势、速度、步幅，使你能摇曳生姿，你也可以参加美姿美仪课程从中获得专业指导。

- 小动作：当你和对方相处或约会时，几个调情小动作会带来"致命吸引力"，从头到脚依序为：由前额往后慢慢拨弄头发、俏皮地嘟起嘴巴、双手托着脸庞倾听对方说话、轻轻地耸耸肩膀、坐下时身体轻微扭动。

性感力来自于你的说话方式

智明曾半开玩笑地说，他女朋友不讲话时是 100 分，讲起话来就只剩下 50 分。如果你说话时语气温和、快慢适中、具有内涵，让人感到悦耳、舒服，那肯定能为你的性感加分，但若是经常唉声叹气、粗鲁无理、话题无聊，就只会让人觉得想要逃离。

女性能从"说话"展现性感力，是因为我们每个人都分为非语言和语言两部分，而非语言部分是更为重要的。非语言部分包括说话的音量、声调、速度：首先，你要能掌握音量大小，让对方能够清楚听见但又不会太刺耳，也可以试试在对方耳朵边轻声细语；其次，说话音调要随着内容有高低变化，就像唱歌一样悦耳，而不是过度平缓显得无力；再次，说话速度快慢要适中，不要像机关枪一样扫射对方，显得聒噪。你可以观察电影或电视剧里的女主角是如何说话和表达的，也可以把你平常和人的说话的录音，自己听听看和做出调整，你会很惊讶地发现：我竟然是这样说话的。

如果说非语言的部分是一首歌的曲，那语言部分就是词。金波常抱怨说，他的另一半谈的净是些明星的长相打扮、办公室的八卦、流行服饰和皮包，让他觉得彼此没有思想交流、感到无聊。那么，要让对方觉得和你谈话是有趣或丰富的，你可以谈谈你的好朋友、童年趣事、感到愉快或有压力的事情、你的兴趣爱好、你未来的理想和计划，也可以谈谈你最近阅读的书籍和最深刻之处，或者最近看过的电影和最感动的情节，要不断充实你自己，有内涵的女性她的性感力才能持久。

性感力来自于你的人格特质

女性性感力是由内而外，表现出来的气质和特质。不同类型的男性所欣赏或钟情的女性有所不同，有人喜欢开朗大方，有人喜欢温柔婉约，有人喜欢独立性强，有人喜欢小鸟依人，如果女性能拥有和表现出对方所欣赏的特质，那就会在两性关系中更有胜算。

普遍而言，以下十项特质较能表现女性性感力：开朗、热情、体贴人、优雅、自信、温柔、善解人意、情绪稳定、幽默有趣、有爱心，和这样的女性在一起会让人感到自在、愉悦和亲密，同时能激发男性的热情和浪漫。相对的，以下十项负面特质将大大降低女性性感力：过度掌控、表现强势、依赖人、冷漠、自卑、自私、太过严肃、粗俗或肤浅、歇斯底里、不讲道理，想想和这样的女性在一起，不要说过一辈子，就是相处几天、在一起工作，你都会觉得难以忍受，也不会有什么激情可言。

另外值得一提的是，具有艺术气质的女性通常也会更有吸引力，能吸引有气质、有内涵的男性，也能为两人的交往或婚姻生活带来情趣，例如，你会弹奏某种乐器，如钢琴、小提琴、古筝、琵琶等，或者会唱歌、舞蹈、绘画、写作。

对每个女性来说，展现自己独特的性感力是必不可少的优点，在身材仪表、肢体动作、说话方式、人格特质上做出好的改变，可以为自己的性感力加分，同时也可以为你和另一半的激情和性福加分。

展现性感的身体语言

从心理层面来看，身体语言不仅能表达丰富的情感，更能产生影响人情绪的力量，正如一个灿烂微笑带来温暖，一个热情拥抱传达亲密。"回眸一笑百媚生"、"摇曳生姿"，这些词句说明女人身体每个部位的巧妙身体语言都能散发性感魅力，包括含情脉脉的眼神、调皮地嘟着嘴唇，都能激发以感官见长的男性强大的心理反应，也触动异性或伴侣的爱慕和性欲望。

当然，并不是所有身体语言都能带动正面心理作用，有些甚至会产生负面的效应，也就是说，做得好带来性感，做不好带来反感。你可以刻意观察你周围的其他女性，如在办公室、咖啡馆、朋友聚会中，他们的哪些肢体动作会让你感到优雅、性感？哪些又会让你感到粗俗、厌烦？

性感是可以学习来的

使用身体语言表现性感需要掌握肢体动作的意涵和技巧，如果你只是模仿外在形式，很容易变成"东施效颦"，产生相反效果。以下，是你需要把握的三个重要技巧：

- 适度表现：动作的频率和大小都要合宜，有道是："做得多不如做得巧。"如在与男性谈话间，偶尔从前额或耳边往后拨弄发丝，会让对方感到迷茫和幻想，但过度频繁，对方可能会觉得是你的习惯动作，新鲜感渐失，甚至让对方感到烦躁。另外，动作过大会使优雅变成粗野，例如轻吐舌尖产生美妙的暗示，但大吐舌头那就性趣尽失。

- 取悦自己：无论你要学做哪位性感女神或爱情影片女主角的性感动作，首先，你要自己喜欢和感到自在，而不仅是为了取悦别人，不然做作的心理会使你显得愚蠢和不自在。同时，你也不要过度或过早排斥，认为这都是在搔首弄姿，而是要愿意做出尝试和改变，为你或伴侣生活制造更多情趣和激情。
- 不断练习：不要相信"天生丽质"那套说法，而要相信的是"没有不性感的女人，只有懒女人"，性感是可以学习和努力出来的。你可以自己在镜子前面练习这些动作，一次、两次，几次之后，你就会做出自在和自信的表现；你也可以尝试在伴侣面前做出来，并观察他的表情和情绪反应。或者问问亲近的男性朋友的感受和建议。

性感身体语言剖析

你的表情、姿势和动作虽然能为你的性感大大加分，但你要先掌握有基本且及格的性感分数，包括你的穿着、装扮、清洁习惯等，不然，你再有多么性感、美妙的肢体动作都无法产生情绪效用。接下来，我们将从头到脚逐一剖析，哪些身体语言能述说出你的性感，也会提醒你哪些动作会使性感扣分。

性感语言一：眼神

有人说眼睛是灵魂之窗，对女人而言，眼睛和眼神更是性感之窗。永年提到每当在早晨看到珊珊那朦胧的眼神，加上伸展她那看似慵懒的身躯的动作，对他而言，都会产生无法抗拒的性吸引力。因此，当你用充满欣赏和爱慕对方的眼神看着他时，能激发他内在的男子气概或英雄式的冲动，想要拥有和保护你；还有表现出无辜或有点迷茫的眼神，也会惹人爱怜。

要让对方能从你的眼神读到你的性感，你在和他相处或谈话时，要和他保持更多的眼神接触，如果你不看他或戴着有厚厚镜片的眼镜，那他就什么也读不出来了。另外，如果你的眼神总是死气沉沉，甚至是目露凶光，或带着轻视、鄙夷的态度，那会把你的性感魅力全部灭绝，他会觉得离你越远越好。

性感语言二：嘴唇和嘴巴

嘴唇也经常被视为女人重要的性感象征，不论你有着厚厚的嘴唇或是樱桃小口，如果能加上适当的挑逗或暗示的动作，都能更加引发对方对你的性欲望。在你们两人面对面时，你可以当着他的面做出一些嘴形的变化，如嘟着嘴；如果再加上舌头动作，那产生的吸引力就会更为强大。

怀安看到秋蓉用舌尖轻舔过自己的嘴唇，就像要舔去嘴唇上的奶油一般，这样的举动让他怦然心动，使他心里想象着两人热吻的激情。当然，如果你要用嘴唇展现性感，你就需要先保养顾惜你的嘴唇，你可以使用护唇膏使嘴唇保持湿润，如果干燥或脱皮的话，就一点美感和性感都没有了。如果再加上淡红色或粉红色的口红，就更能增加男人视觉的感受强度。

性感语言三：微笑

微笑是性感女人最基本的动作，也许你会说有些男人喜欢冷酷的冰山美人，但你要知道一般且正常的男人都比较容易被带着微笑和让人愉悦的女人所吸引。当你时时展露自然的微笑，会让他感到和你在一起是安全的、温暖的，会期待更亲近你。

你自己在微笑的同时，也会让你身体和心理产生快乐和愉悦的激素和情绪，也会将这愉悦情绪传递给对方。相对的，总是摆着一张臭脸，或者严肃的脸，会让男人觉得你是冷漠的、不易亲近的，甚至是具有敌意的。

笑是好的，然而，如何笑可是门学问，苦笑、傻笑固然不好，过度放声大笑也会是反效果。一般而言，在你和对方在一起时，你可以将嘴角上扬、眉毛微往上挑，露出自然的微笑，或者也可微露牙齿地笑，你可以自己看着镜子练习，先习惯用微笑表现你的友善和性感。

性感语言四：头发和头部

当女人有一头飘逸的长发时，容易给她身边的男人一种带着神秘的感觉，且有着吸引的力量。另外有着适当卷度的波浪发型也会让男人感到你是热情的。

头发是静态的，如果加上些动态的动作，你会让它更为活泼起来。例如，当你优雅地拨弄发丝会使男人对头发的感受力度更为强烈。大概有三种方式可供学习：第一是你可以用手将你的发丝从前额往后慢慢拨弄，并顺着脖子放下来；其次是你可用右手从右耳边、或左手从左耳边将你的发丝往后拨弄；还有一种是将头稍往后转再往前转，使发丝随着转动而往前甩，散发出飘逸的感觉，如果你的发丝带着香水或洗发精的香味会更为完美，但千万记住，不要散发出来的是你久久没洗头发的油臭味、或刚吃过烤肉的油烟味，那就大煞风景了。

性感语言五：手部

从肢体的语言来看，我们的手或手指经常带有指引的意味，女人可以适当地用手部动作指向身体性感的地方。白雪很能利用手部的引导作用来展露自己性感的信息，如当她和另一半面对面坐着时，她把食指放在自己的下嘴唇上轻轻抚弄，或将右手掌斜放左肩膀处并轻轻往下滑，偶尔也弯下腰来轻轻地按压自己的小腿；当他在说话时，她会用双手托着下巴认真地聆听，这些手部的动作为她增添性感。

但有的人使用手部做出一些不雅动作，会使男人或周围的人感到没气质或反感，如挖鼻孔、掏耳朵、玩弄手机、讲话时用手指着对方等。讲话时也要注意观察自己的手势，因为手势过多或动作太大都会让对方反感，也尽量少做双手抱胸或叉腰的动作，因为这像是表达你现在感到无聊或有敌意。

性感语言六：躯体

我们现在要来看看，如何透过一些躯体的姿势或动作来展现你的性感，当你和他坐在一起时，你不一定要时时正襟危坐，你可以将自己的上身斜靠在椅子或沙发上，这样会出现一种慵懒和诱人的"贵妃"感觉。而当你正坐时，你可以坐直和微微挺胸，有时可以将上身做些小的扭动或转动，或者轻轻地挪动你的臀部，这些躯体的动作会有效吸引他的目光，切记，不要像木头人一样呆坐着，也不要动得过于频繁，让他感到你在焦虑不安。

另外，在坐着谈话时，你可以偶尔将自己上半身往前倾，一是表示你对他和他的谈话感兴趣，另一更重要的原因是能展现你上身那种若隐若现的诱人探索的性感。

性感语言七：腿和脚

现在，要谈到女人的脚上功夫，即使你有一双美腿，如果不知道什么是好的摆放，也会失去性感魅力。扬辉和白薇在一起时，他总是抱怨她的坐姿是多么难看并觉得她简直像老太婆那样，觉得她没有气质可言，因为白薇无论是在家里或外面，都经常把两脚过度张开，即使是穿裙子也这样做，而她的理由是觉得这样自己比较轻松或者习惯了。

当女人坐下时，将两脚上下重叠交叉，且在一段时间后将两脚做出交换，这个姿势和交换动作常能紧紧吸引住男人的目光，并对此产生美好的幻想。你也可以选择将双腿并拢和斜摆，偶尔做出左右轮流摆放的动作，一样能达到性感的效果。

性感是令人感到美好和愉悦的，也能使伴侣保持亲密和激情，你可以透过这些身体语言，从头到脚为自己发掘并创造出属于你自己的独特的性感魅力。

做个创意爱人

你在伴侣关系里扮演什么样的角色？美国心理学家斯腾伯格提出的"爱情三角理论"认为，完美的爱情是由激情、亲密和承诺三个要素构成的，这三点确立一个爱的关系平面，如果缺少其中任何一个点，这个平面就不存在或不完整。

你也许会想到要做个伴侣关系的捍卫者，遵守承诺和尽到责任来维持关系的稳定；或可能更进一步想到要了解、信任和关怀另一半，做个温暖的支持者；但往往忽略最重要的一点，就是扮演"创意爱人"，使伴侣关系充满吸引、爱慕和激情，防止你们的关系只剩下权利和义务，但失去了感觉。

你是合格的创意爱人吗？

请你对每个题目按照你目前的实际情况回答同意程度，分数从 1 到 10，10 代表完全同意，1 代表完全不同意，分数越高代表同意程度越高。

1. 你能经常在另一半面前展现你最体面和有吸引力的一面。
2. 你能了解另一半在性爱里的期望和需要，并找出方法让对方感到愉悦和兴奋。
3. 你能在性爱前放下自己的烦恼或处理伴侣冲突，以使自己感到自在和释放。
4. 你能做出完全奉献，将身体和情感真诚且乐意地投入伴侣关系，并不轻易做出拒绝。
5. 你能时常对性爱保持美好期待，渴望持续和另一半有满意的性关系。
6. 你能做出想象和安排，使伴侣性爱变得丰富和充满乐趣。
7. 你能在伴侣性爱中表现主动积极，愿意主动给予或主动邀请。
8. 你能开放面对伴侣性爱的问题，并能尽力想办法排除这些阻碍。

请将每题所得分数相加，若你的总分在60分或以上表示你是优质创意爱人，要继续保持下去；40~59分表示你是合格创意爱人，要努力做到更好；20~39分表示你是差强人意的创意爱人，还有许多需要成长之处；19分或以下表示你真的需要好好改变自己。

做个完美的创意爱人

Attraction 是充满吸引的

首先，我们要从两性性心理出发实际地指出，外在总是影响着男女双方对彼此的性吸引力，对男性尤其是这样，因为男性的性欲刺激是以身体为主，主要激发点在视觉和气味上，还有接下来的性爱行为，视觉、气味和动作可说是男性的致命吸引力。晓芳似乎不懂得这道理，她有个致命的误区，认为在家里就是要随意自在，何必还要在另一半面前注意外表和穿着，也因为如此，她在另一半面前变得没有吸引力。

创意爱人是在伴侣面前依然能够展现出最体面和有吸引力的一面，不是要你盛装打扮，而是在家里或约会时要保持自己是清洁和整齐的，不要看起来是肮脏或邋遢的，同时也要注意你自己的卫生习惯，如勤沐浴、洗头、打扮、除腋毛等，特别是在夜晚属于你们两个人的时间里，穿着迷人的内衣和睡衣，使用对方喜欢的香水，都能激发对方的愉悦情绪和激情互动。

Belonging 是满足对方的

我们常说："真实的爱是要能知道和满足对方的需要。"美好的性爱也是这样，要能清楚了解对方的期待，并乐意去满足对方的需要，唯有伴侣双方都有这样健康的认知和行动，才能使"性爱"永不止息。白薇在性爱中总是很自私，认为男性应该要担负所有引发欲望和兴奋的责任，要求对方很长时间的爱抚，对另一半的表现总是百般挑剔，如不够温柔、没有激情、技巧笨拙，自己却从没想到要如何让对方感到兴奋和满足。

创意爱人，是能了解另一半在性爱里的期望和需要，愿意花心思找出什么方式会让对方感到愉悦和兴奋，并能使用更有创意的方法来点燃它，且经常做得不一样，如不同的打扮、卧室的布置、采取主动等，让性爱氛围是浪漫的、热情的。先不要按着你想要的去满足自己需要的，而是按着对方所想要的，也能邀请另一半开放表达他想要的；另外，不要过多地想别的伴侣的情感或方式，找到和学习最适合、能满足你们自己的方式。

Comfort 是感到自在的

女性的性反应通常和她的情绪感受有着紧密关联，也容易把情绪带入伴侣性爱里。爱明最近常因生活和工作上的一些事情感到困扰，又觉得另一半不体贴而感到不满，这些焦虑、沮丧或愤怒的负面情绪，不仅使她的性欲降低，甚至对性爱感到厌烦，当她的另一半提出性爱邀请时，她往往会负面解读为对方根本不理会她的感受，其实她殊不知男性会把身体和关系做出区隔。

创意爱人能找到方法把自己的烦恼先放在一边，如记下来并告诉自己"我明天或其他时间再好好来想和解决"，再将你自己自由地给予对方，避免将担忧和压力带入性爱当中，当你能将身体和情感投入，性爱也能有助于你压力的释放。如果你们中间有些冲突或伤害存在，在做爱之前先行处理，如轮流表达自己的感受和想法，使彼此有更清楚的理解和体谅，对需要花时间做出讨论的事，能达到初步共识，并约定时间进一步讨论和协调。

Devotion 是完全奉献的

性爱是奉献而不是牺牲，奉献的愿意包含着"真诚"和"热爱"，在伴侣性爱里也是这样，是愿意将身体和情感真诚且乐意地全然投入在性爱当中，使双方都获得愉悦和满足，而不是有所保留或把性爱当作手段。春燕和另一半在婚姻里信守"尊重双方性爱的权利"的约定，除非是身体或特殊事件的缘故，能够尊重和满足彼此的需求，而不轻易做出拒绝，这也是保卫婚姻和预防危机的做法。

创意爱人是乐意在身体和情感上做出完全奉献的。如果你因为工作或家务繁忙而感到身体疲累，你们可以一起更适当地安排晚上的时间和家务分担，也可以先小睡一下来恢复体力。如果你发现自己缺乏性趣，也能知道和使用有效方法让自己产生渴望，如借由身体爱抚和亲密谈话来激发。如果你真的无意性活动或面对使自己感到不舒服的性活动，要能做出有技巧的拒绝，如"我今天非常疲累，我们明天好吗"。

Expectation 是充满渴望的

性爱应是伴侣生活的美食而不是鸡肋，是经常充满渴望而不是变得"食之无味、弃之可惜"。香梅白天将时间和精力放在工作上，晚上则忙于照顾孩子和家庭，习惯忽略另一半的感受和需要，而性生活也已然成为"可有可无"的东西，抱持着"能免则免"的态度，直到察觉另一半也变得冷淡和经常借故晚归，她才意识到问题的存在，但为时已晚。

创意爱人内心总是有着美好的期待，持续和另一半保持优质的性关系，能对另一半存着适当且美好的性想象或幻想，当你们在一起身体接触的时候，能尽情释放你白天的想念和梦想。你们可以各自练习想象另一半，有关你们身体的、关系的或其他方面的正面且美好的东西，或是透过欣赏另一半以及他为你所做的事情，增加你对他的爱慕，使你能平衡地提升身体和情感的渴望。

Fun 是充满乐趣的

性爱是上帝赐给伴侣最为独特和美好的礼物，这礼物不是其他关系或事物能够给予或取代的，性爱使伴侣能在其中享受到乐趣、亲密、热情、丰富。但这礼物上有个重要的说明，是伴侣容易忽略的，就是要经常使性爱产生更新及变化，才能保持原先的效用，不论你是已经结婚二年或二十年，这点同样重要。

创意爱人能够做出想象和安排，使伴侣性爱变得多样化，使原本松散的性爱变得更加兴奋，使美妙的性爱冲动复苏，不会使性爱成为可预期甚至无聊的。我想我们不会喜欢每天都吃同样的冷冻食物，当你们没有热诚使它变得不一样，就会对性关系失去兴趣。你可以和另一半尝试一些新的姿势和技巧以重新探索性爱，能对另一半想要做的、你又不感到痛苦或被强迫的需求，做出尝试。

Grant 是主动给予的

有句话说："勉强得来的爱不是爱。"以正面的方式来说，真爱是主动积极的，而不是被动消极的。对伴侣而言，性是用身体表达爱的方式，如果只有身体勉强或被动的配合，而没有情感投入，那可以说是对自己和另一半的不尊重。

创意爱人在伴侣性爱中是主动积极的，愿意主动给予或主动邀请的，这话特别是对女人来说。完全将你自己给予对方，这是充满兴奋和激情的，不要显得无聊或被动，要知道性爱不只是满足生理需要，更是满足情感需要，试着允许自己在性爱中更加主动地释放反应，以及对于另一半的情感吧。

don't Hesitate 是没有阻碍的

"在爱里没有惧怕"，如果你们的性爱生活出现问题或阻碍，双方应该开放和真诚地做出讨论，以正面的充满期待的态度表达自己的感受和想法，也倾听和接纳对方的感受和想法。例如，玉明在和另一半的几次性爱经验中发现没有以往的热情和兴奋了，怀疑是不是另一半对自己已经没有激情，但她压抑这样的感觉，并对性爱变得排斥。

创意爱人对于性爱问题并不感到羞耻，而是能够面对和排除阻碍，使双方能够完全自由地给予对方。当你感觉自己不够完美，或者对于自己某些地方感到不满意，要先接纳你自己，不要对于不完美或不满意的事耿耿于怀，做你可以做的事，避免和其他人做比较。其次，你还可以和另一半沟通你自己想改变的部分，例如身材、发型等，或希望另一半改变的部分。

创造美好性爱是伴侣内心的共同渴望，也是双方的共同责任，当你期待对方是个创意爱人，那你自己就要先成为创意爱人，当你能先使自己有性吸引力、满足对方性爱需求、乐意做出完全奉献、充满性爱渴望、表现主动积极时，你就能正面引导对方也愿意这样做并做得更多，才能进而形成美好性爱的正面循环。

美好性爱的五个好习惯

"十分钟的性爱影响一生的幸福",虽然每次性爱过程只有几分钟,却会带给伴侣最为美好或痛苦的经验,因为它是伴侣间最为独特和紧密的身体和情感的互动。伴侣在性爱过程中表现的习惯行为将决定结果是否美好,好的习惯会燃起激情之火并使它更为旺盛,如全心投入、温柔谈话、释放热情;坏的习惯却会浇熄激情之火,如无情拒绝、毫无反应、过度掌控。

"我对他没有激情"、"我觉得他一点也不温柔"、"他没有办法满足我",男女常会在性爱中有意或无意地表现一些负面的态度或行为,不仅减低愉悦感,有时更会挫败对方的性趣,再多的抱怨和不满都是没有帮助的,伴侣双方都需要为不满意的性生活负责任,真实地看到自己的问题并做出改变。接下来,我们将揭示女性在性爱中常见的五种具有杀伤力的行为类型,并指导如何做出有效改变,建立美好性爱的五个好习惯。

习惯一:让自己产生渴望

雅琴总是对性表现得毫无兴趣,甚至是反感或嫌恶。面对另一半提出性需求都想尽办法回避,如自己提早上床假睡或找借口分房睡,即使勉强配合也显得意兴阑珊,像是施舍对方,甚至做出无情的拒绝或贬低对方，如"我没性趣，你找别人去"、"你怎么这么好色"、"我不是你的性欲工具"。她也从不主动表示自己的性需求，都是等待对方提出，非常消极被动。像雅琴这样的人是标准的"冷漠型"，杀伤力指数高达五颗星。

当男性的性需求受到拒绝时，容易将它扩大为情感被拒绝的感受，觉得不被欣赏或需要，甚至猜疑你是否喜欢着别人。他会猜想是否什么地方得罪你，或什么事情惹你生气，也会愤怒你不该选在这时耍脾气。当你表现出过度被动，他会焦虑他的需求被你拒绝而感到没自尊，认为只有他有性趣，觉得自己是在请求你，感觉自己被掌控。

如果你的情况和雅琴一样，你要找到导致自己性欲闭锁的原因并做出积极解决，如果是一般性的性欲低落，即你对性或男性都缺乏兴趣，那也许是你经常情绪沮丧抑郁导致的，你可以持续做些运动锻炼、艺术活动、兴趣爱好，或者向好友抒发感受和获得支持；如果是针对性的，如你觉得另一半没有性吸引力，那就去找到另一半值得你欣赏爱慕之处，回忆过去你们美好的性经验。如果原因是你们存在一些未解决的冲突，那就在性爱时间以外，设定伴侣会议时间做出讨论、协调和解决。

习惯二：释放热情的反应

依云在伴侣性爱中表现为"呆滞型"，杀伤力指数也是高达五颗星。她在性爱过程中几乎没有任何反应，没有表情、没有声音、没有动作，和另一半没有任何互动，有时甚至别过头去看别的地方、故意不看对方。她经常表现出心不在焉，有种"你做你的，我想或做我的事情"的意味。

依云的毫无反应不仅使另一半没有受到鼓励和激发,更会让他觉得是在泼他冷水,感觉他一个人在冲锋陷阵,觉得她一点也没性趣。他可能会有以下解读和反应:其一,愧疚感,他觉得是在勉强或强迫对方,她是在忍受而不是享受;其二,无能感,他觉得无法取悦对方,让她没有感到愉悦或兴奋;其三,愤怒感,他觉得对方在鄙视或处罚他,可能解读成对方在想"我就是不想理你,看你怎么办"。这些反应都会熄灭他的激情,久而久之,他也会变得没性趣。

如果依云没反应的原因是另一半做了些事情让她不高兴,她需要告诉自己"我要先放下不愉快的事情,再找其他时间解决而不是现在"。也可能是依云忙碌于工作和家务,一到晚上就身体疲惫不堪,她可先做一段时间的休息,或另一半能主动做一些家务,这样的体贴也是最好的前戏。如果依云是刻意压抑自己,觉得女性不应该在做爱时有过多反应,而让对方误解,她要停止猜测并和另一半进行性沟通,正确了解他的想法和希望她怎么做。如果她是因为在不适合做爱的环境而刻意保持安静,如长辈同住、小孩同房、隔音不好,那就需要做些环境改变来减低焦虑感,如放些音乐、让小孩单独睡。

在性爱过程中,你的积极和热情的反应不仅能激发另一半的激情,也能使你更为专注投入和享受其中,增加你的兴奋感。例如,你可使用脸部表情、发出些副语言(如喔、嗯、啊等)、移动伴侣的手到你喜欢的部位,也可以温和地提示,如"再轻点"、"用力一点"、"缓慢一点"或"快一点",或简短赞赏,如"我很喜欢,当你……时"。

习惯三：展现身体吸引力

男性在性爱上可算是感官动物，性欲刺激主要来自视觉和嗅觉。静怡的一些不良状态和习惯常使另一半变得没性趣，首先是静怡的身材从刚和另一半交往时的苗条变成肥胖，她也知道自己的问题但无法控制喜欢吃甜食的习惯。其次是她忽略身体清洁习惯，如头发不经常洗而发出油臭味或没有梳理变得散乱，因身体问题或没做好洁牙而有口臭，身体有狐臭或难闻的味道，因妇科疾病或疏于清洁导致私处有异味，因脚气或穿太久鞋子而有汗臭或脚臭。再其次是她疏于注意自己的"内在美"，仍穿着老样式、陈旧到发黄的内衣裤或睡衣。

静怡这类"邋遢型"对男性性趣的杀伤力指数也是五颗星，她的问题在于不懂得保养顾惜自己的身体。也许她会感到委屈，她觉得自己是因为照顾孩子和家庭而疏于打扮自己，然而，这只是不珍惜自己的借口，不要扮演牺牲者，在性爱里要扮演"情人"而不是"黄脸婆"。

如果你也是这样，那你需要问自己"我喜欢我自己吗"、"如果我是男性，我会和这样的伴侣做爱吗"，接下来，再问"我可以做出什么样的改变"，条列出一个清单并实际去做，在另一半面前呈现出最体面和有吸引力的一面。有些改变是可以立即去做的，如事先梳洗、换个发型、喷点香水、买和穿些另一半喜欢你穿的睡衣或内衣，有些是需要持续去做的，如塑身运动、必要的疾病治疗。

习惯四：给对方发挥空间

有些女性会把过度掌控的性格带入性爱当中，喜欢按照她的方式而忽略另一半的感受，或者容易表现出烦躁、没有耐心。安祺就有这样的问题，她习惯在性爱中指挥另一半要怎么做，如果没有按照她的意思做就显得不耐烦和发脾气，如"你怎么这么笨"、"你怎么连这个也不懂"、"跟你说要这样，你听不懂吗"，或者不断催促对方，如"快一点"。

安祺这样的态度和话语会让另一半觉得自己被操控，大部分男人不喜欢在性爱过程中被掌控，希望较多是由他来主导，安祺的举动会让对方觉得自己是不被信任的，感觉自己是没用的，而变得没自信，他仿佛听到"你是不行的，需要我来告诉你"，有些男性会因此感到你很唠叨，或觉得你好像经验很丰富似的。"掌控型"对男性性趣的杀伤力指数是四颗星。

作为"掌控型"的人，可能你希望获得更美好的性爱，期待另一半知道你想要的方式，那么你可以和另一半进行性沟通，但不是在做爱时间，而是要在其他时间交流和协调。如果你想在性爱过程中进行互动，你可以正面且温和地表达你的需求，如"我希望你可以……，我会感觉更好"，或用适当的肢体动作、关键字或副语言来表达，如"抱紧我"、"可以再快一点"，但不要过度频繁，更不要用批判的方式，如"我觉得你很没用"、"你到底懂不懂"，也要避免不耐烦地催促对方。让另一半在性爱过程中感到你对他的信任和尊重，给予他更多发挥的空间，才能帮助他更有性趣和性自信。

习惯五：抱持美好的期待

对性爱抱持美好期待而不是完美期待，要充满渴望并期待和对方有美好的性爱，但不要过度要求。沛涵的"完美型"让另一半吃足苦头，她认为性爱应该是浪漫的，甚至是完美的、神圣的，所以，她坚持一套非常繁复的程序，要有这个、那个的一大堆，如要求自己或对方花很长时间沐浴，要洒香水、点香精或蜡烛、放浪漫的音乐、很长的前戏，做下来少说也要一两个小时。如果另一半没照着做，沛涵又会怪他没有情调。其实，男人的性欲通常是来得快也去得快，经过这样的拖延或折磨，可能会使他变得没有性趣，两人之间产生更大的矛盾。

当然，这样完美的演出是可以偶尔为之，增加浪漫和情趣，但不要是每次或太频繁，不然，就变成过于规则化，电影或偶像剧的那些场景是仅供参考的。如果你觉得没有这些过程，会使性变得低俗，只是满足性欲或觉得自己变成泄欲的工具，那么你需要更了解男女在性需求、刺激和高潮上的差异，双方需要做出适当的折中。有时，那种直接和激动的性爱更能释放内在的激情。

伴侣性爱互动的好习惯能使伴侣保持渴望和激情，相对的，不好习惯会很快使伴侣对性爱感到无趣，甚至厌恶，导致性冷淡或性功能障碍。你需要随时检视你自己在性爱上的态度和表现，也能做出需要的调整或伴侣性沟通，这样才能维持性爱互动的好习惯。

创意的性技巧

CREATIVE SKILLS

诱惑能使爱火重燃

性幻想是唤醒激情的妙方

挑动男人的性爱视觉神经

创造激情的性爱场所

性后戏使性爱更美好

诱惑能使爱火重燃

我们发现，当伴侣刚在一起时，彼此互相诱惑和吸引的能量非常强烈，感觉也很美好，仿佛成瘾一样无法自拔，实在无法想象彼此会有感到厌倦的一天。而当双方进入长期稳定关系后，比如确定两人恋爱关系或步入婚姻家庭，彼此做出诱惑和激发热情的行为就会越来越少，甚至消失殆尽，渐渐觉得不在意或认为不需要，认为男女诱惑行为是在追求对方或想要做爱时才需要做的事情。其实在伴侣或婚姻关系里、甚至两人一生的岁月里，彼此诱惑和吸引是维系情感最为重要的正面能量。

在两人生活逐渐步上轨道后，你和另一半心里开始会有"我们已经定下来了"的稳定感觉，而这种感觉往往也是热情的杀手。如果伴侣生活进入自然且可预期的状态后，性生活也会步上这样的后尘。周末晚上做爱时，可能一方边瞄着电视节目，或心想着今天发生的事情，那爱火初燃时烛光晚餐的约会、极力展现自己幽默风趣的魅力已经变得非常遥远。如果彼此失去吸引的动力，就很可能因为"很累"、"很忙"、"没心情"而失去性爱的欲望，还以为这是年纪大了或在一起太久的关系。

伴侣诱惑不只为了性

伴侣诱惑行为不只是为了"我想和你做爱"的性爱目的，而是为了更能展现你对另一半的关注，以及你对他的欣赏和爱慕之情。当然，伴侣在生活中表现诱惑行为能主动积极地展现自己对另一半的性欲望，带来更为激情的氛围，也往往成为性爱的前奏曲和催化剂，但它更为传达的是"我深深被你所吸引"的爱慕，女人的爱慕最能激发男人展现他应有的性感和魅力，也能唤醒他制造浪漫和情趣的能力，这能力正是他起初拥有但随着相处时间越长慢慢失去的。所以，伴侣诱惑行为能重拾或增加彼此的爱慕之情，使彼此感觉更为美好，也使伴侣关系更加充满热情。

男女都希望偶尔被另一半所诱惑，为平凡生活激起些浪漫的涟漪。其实男性心里期待但没表达出来的是，他希望另一半能偶尔表现主动，而不要认为这全是男人的责任和任务，虽然其他动物大部分都是雄性以它的宏亮声音、鲜艳颜色、强壮身体或力量来卖力地引诱雌性，但是男人通常是较为懒惰和现实的，所以，需要女人也能展现诱惑行动来不断激发男人。伴侣诱惑行为是健康的也是奇妙的两性互动，这种爱和热情的邀请越多，就越能维系伴侣的亲密和激情。

伴侣诱惑的创意行动

在伴侣生活中，要把彼此的诱惑行为视为每天和经常要做的，而不是想到才做的，要成为一种自然流露的伴侣互动的良好习惯，我们可以从以下八种创意的方式，重建伴侣彼此诱惑和吸引的能力。

诱惑一：微笑和眼神接触

微笑以对和眼神接触可说是伴侣之间最为基本的诱惑手段，当你们每天第一次见到对方或重新见到对方，如交往约会看到他时，或者婚后他回到家时，你能以一种愉悦的心情带着微笑，进而拥抱和亲吻他，会传达出"我是多么渴望看到你，我和你在一起时是快乐和喜悦的"的信息。

一个人的眼神可以传达喜怒哀乐等丰富的情感反应，在你们相处一起的时候，你可以常用温柔的眼神含情脉脉地注视着他，或用爱慕的眼神看着他，传递你对他的炽烈情感，这使你能做到"眉目传情"。

诱惑二：身体亲密的接触

生理的距离常会影响心理的距离，当你和他在一起时要靠得他更近些，不要让你们彼此之间有距离感，也不要让其他人或东西在你们的中间，你可以坐在他的身边、紧靠着他或者将身体放松地依偎在他的身上，表示你很想和他紧密地在一起。

当你们一起外出散步或逛街时，能主动挽着他的手或搂着他的腰，给他的感觉是你喜欢和他一起做任何事情。在家里两个人独处的时候，配合着浪漫柔情的音乐，两人一起拥抱着共舞，就像电影里的浪漫情节。当他感到受伤害、沮丧、疲累或负担很重时，能紧抱着他并说些表达真实的爱和关心的话。这些对男人身体自然且亲密的接触会激发他的热情。

诱惑三：愉悦的言语交流

我们发现许多伴侣随着相处时间久了，愉快的交流就会变少了，更多的是批评对方或数落对方的不是，这是对伴侣亲密最具破坏力的行为。你们可以试着在晚餐后坐在一起时或睡觉前坐在床上时，分享你和他共同经历和拥有的美好经验，例如，你们认识时，他给你的第一印象，或你认为他与众不同的地方；你们第一次约会时，让你感到特别或愉快的事情；你们决定结婚、婚礼或蜜月这些重要时刻里，让你感到幸福或美好的事情。

也可以彼此诉说着你希望和他在未来一起创造和拥有的爱情、愿望、梦想，或告诉他你内心的一些小秘密，这样愉悦和亲密的谈话常能将两人的心灵更紧密地联系在一起。

诱惑四：安排浪漫的晚餐

伴侣的生活要常有惊喜和充满趣味，如果变成习惯或过度规律就会感到平淡无趣。你可以选择一个平常日子，或者属于你们的重要节日，如交往或结婚纪念日，预备一个有烛光并有柔和音乐的浪漫晚餐。选择食物也是重要的，你可以准备些激发性欲的食物，如鱼、虾、贝壳类的海鲜，以及含有巧克力或蜂蜜的甜点，不要过度油腻或口味过重的食物。

如果你们喝酒的话，可以准备红酒或香槟，举杯浅尝能散发性感的意味，可以放上你或他喜欢的轻柔的音乐，或者对你们有特别意义的歌曲，如他第一次对你唱的情歌。同时，你也要穿上让人感到舒适又性感的衣服。

诱惑五：适当玩弄或调情

如果你们已经交往很长一段时间或者已经结婚，已经忘了如何调情，你可以想想你们刚认识或者正热恋的时候，你会对他做的事情，如调皮地模仿他的姿势，他拨弄头发，你也拨弄头发；大部分的男人都喜欢听到另一半叫他的名字，叫他的名字会增加注意力和亲密感，你可以温柔地不断叫他的名字。

你也可以适当地对他做出有暗示意义的身体语言，如当你们面对面坐着时偷偷伸出你的脚碰触他的脚，触摸他喜欢你触摸他的身体部位，或者轻轻地在他的腰部或腹部搔痒，或和他玩些躲猫猫的小游戏。这些调情的动作或游戏会使你的诱惑显得生动有趣。

诱惑六：两人一起做锻炼

身体活跃可以使人感到放松又精力充沛，运动锻炼期间体内会释放一种令人心情振奋的内啡肽物质，使人产生愉悦感也对增加性欲大有帮助。邀请他和你一起进行你们感兴趣的运动锻炼，有些运动更能增进身体性能量，如骑自行车、慢跑或散步，这些运动能锻炼腿部关节和大腿肌肉，并有助于男女性器官附近的血液循环系统。

在你们运动锻炼之后，身上些许的汗味、情绪的兴奋和愉悦，都会促使彼此变得更敏感和具有诱惑力。研究报告指出，规律做运动的女人比不运动的女人更有欲望，而且更能享受性爱的欢愉，马上把某些运动融入你和你们的生活中去吧。

诱惑七：做出欣赏和称赞

你对另一半真诚地做出欣赏和赞美，会使他对你们的关系更有信心和安全感。其次，当男人受到女人的赞美时，会在她的面前更自信地释放情感和性欲。

你可以让他知道你欣赏他和所欣赏的事情，如"你很有自己的想法"、"你知道你能把任何事情都处理好"、"我觉得你还像我认识你的时候时那么有魅力"，这些对男人的特质、能力、成就或外表特征表达欣赏的话语会使他无法自控地愉悦和兴奋起来。相对的，那些你不断批评或数落他的性格缺点、不好的生活习惯或性方面的问题，会使他失去对你们关系的自信和兴趣。

诱惑八：唤醒所有的感官

诱惑是要唤醒对方的感官和感觉。首先，在视觉上，尝试释放你的性感，在家里也能穿上性感衣服，或在你们房间或床上穿上他喜欢你穿的睡衣或内衣；其次，在嗅觉上，擦点他喜欢的香水，香水中所含的少量香草的气味对男人有特殊的吸引力。

再其次，在听觉上，枕边的谈话总是能传达爱情，在床上轻松谈话不仅能进行较好的交流，也能带动幸福的感觉，而适当时候的窃窃私语更能激发爱情的高潮，也可以一起聆听你们共同喜欢的情歌；最后，在触觉上，抚摸他的身体敏感部位，大部分的男人都期待获得他所爱女人的爱抚，如脖子、胸膛、臀部或大腿内侧。

> 伴侣或情侣之间的性和爱的吸引是需要依赖双方主动的诱惑行动来维系的，当你能运用诱惑行为表达对另一半的爱慕欣赏，以及激发生活中的浪漫和激情，才能使你成为创意的情人，让你们的爱情不断延续到老。

性幻想是唤醒激情的妙方

性幻想训练常被性咨询师用来治疗伴侣低性欲或缺乏性高潮等问题。对一般伴侣而言，性幻想能使性生活更充满情趣、唤醒内心激情，帮助伴侣双方更快和有效获得兴奋和达到高潮，它是激发情欲的最佳利器，拯救那已经感到疲乏的性爱关系。

两性的性兴奋和愉悦感不只是来自生理或性器官的刺激，在两性性活动当中，脑部也参与性互动和扮演重要角色，其实脑部才是最有力的性器官。性幻想是最佳的工具，可以让你自由地探索你自己在性行为上的特质，可能包含了狂野情色或冒险情节，这些是你在现实生活中不会尝试的。弗洛伊德和荣格等心理学家都认为，性幻想对自我和伴侣的性活动是健康无害的，可以让人发现和开发他自己潜意识中的性能量。

性幻想使性爱变得更美好

性幻想对女人和男人来说都是普遍的性心理现象。无论男女，在性高潮到来之前、自己空闲时间、性活动之前及之间，或自慰时，都常会闪现或运用一些性幻想使自己感到更加美好和兴奋。对于性的想象虽然是意识和潜意识的层面，但都能引发我们躯体和感官的刺激，躯体刺激加上想象刺激会使性爱变得更给力。

对性爱的研究显示，女人普遍认为性爱的特性是"身心活动"，女人往往要比男人更难以单纯地从躯体或性器官的刺激和感觉获得满足和高潮，她需要加上足够的性幻想和亲密感，才能使自己激发和释放更大的性能量，和获得更为美好的性爱。

大部分伴侣在婚后或共同生活一年内，做爱次数会降低百分之五十，并会随着时间持续下滑，出现"性疲劳"症状，伴侣的性爱变成食之无味、弃之可惜，或是成为回应对方性欲需求的活动，此时，性幻想常能激活这团"死灰"，增强性爱的刺激感和冒险性，使伴侣性生活更为丰富充满变化。

性幻想促进伴侣性互动

伴侣性活动中性幻想可以是各自进行的，如果伴侣能分享自己的性幻想或共同进行，将起到更好的效果。要使性幻想成为伴侣共同性活动需要双方事先对性幻想的看法或作法进行沟通协调，使双方都能有健康态度和高度投入，而不是让自己或另一半感到排斥或觉得被伤害，或者害怕受到对方的误解，如"你和我做爱却想着其他人"、"你怎么会想要看情色影片"等。

伴侣分享自己的性想象能帮助你们发现彼此在情感和性行为上的期望和需求，以及获得快乐的办法。互相述说性幻想也可以帮助伴侣协调做爱的步调，一般而言，男人兴奋起来要比女人快得多，女人可以通过谈论她的性想象来赶上男人的速度，想象的性行为可以像真的触动一样对身体起作用。

女人比男人更容易因为自己的性幻想感到不安或害怕。许多女人都有过在和另一半做爱时，想象自己是和另外男人做爱的类似经验，有些人会因此感到不安或内疚，怀疑自己是否不爱对方了，或认为另一半对你已经没有吸引力，其实，这只是激发性动力的方式，而不是现实或目的，况且这对伴侣双方都有好处，你的激情投入会引发另一半也更激情投入，而不是视为一种欺骗或不忠。

当然有些性幻想的方式可能产生后遗症，例如，透过情色影片或图片的性幻想方式可能造成你或另一半会去比较对方和情节中的主角，以致对对方的外表特征或性爱表现产生落差和失落感。有些过度沉溺情色影片的男人，往往会对另一半有不合实际的期望，给予对方在性爱表现上更低的分数。

性幻想的创意方式

女人的性幻想方式和男人有所差异，女人较多是想象自己主导的做爱方式，和自己崇拜或爱慕的对象做爱，甚至是和同性做爱，以及性爱的冒险或新方法；男性较多是对性爱细节或某些性行为和性器官的想象。在伴侣性幻想体验中，可以每个月轮流按照对方的方式进行，而另一方则愿意配合和实现对方的性幻想，增进两人的性福感。以下我们将探讨五种性幻想的方式。

幻想一：性爱角色的扮演

伴侣性爱角色扮演可说是性幻想最为极致和具体的体验。你们可以选择你们喜欢的性爱角色，可以每次或定期变化。许多性爱角色扮演的主题都刻意造成两人之间的权力地位不平衡，因此角色扮演会有掌控的一方和顺从的一方，最常见的典型配对和情节有医生和护士、老板和秘书、主人和仆人、老师和学生等。

　　首先，你们要选择你们要演出的情节和适合的环境，为了更融入角色，可以设计一些台词或对话，在你们一起的一段时间，如周末的一个下午、晚餐之后到睡觉前，两人都融入角色，用分饰的角色身份来讲话，并有言语的对话和肢体的互动，如秘书向老板报告会议行程、老师指导学生知识等。为了更真实点，可以穿着你所扮演角色的服装，如医生的白袍、秘书的短裙，变装之后你会觉得自己是个不同的人，变得更性感，除了服装也可用适当的道具来强化角色，如听诊器、教鞭、记事本。服装和道具可以到服装道具店租用，也可按照兴趣购买常用角色的服装。

　　幻想二：想象和有吸引力的人做爱

　　很多人在和伴侣做爱时，心里可能想的是另一个人，无论是在整个性爱过程或一段时间中，通常这样的人物会是对他（她）有性吸引力的人。一般而言，女人想象的对象较多会是这个人具有她爱慕的特质和魅力，男人想象的对象大都是这个人具有吸引他的性感外表特征。想象和你所欣赏的对象做爱，可以各自以私密的方式进行，也可以开放地和另一半分享你们心里所想的对象。

　　想象的对象可以是某位性感的明星或模特，尽量不是你或他现实生活中的人，如同事、朋友。你们可以用轻松或游戏的方式来进行，并用一些方式来强化，如在晚上时关上灯、戴上眼罩，这样会增加你的想象空间，但要让对方理解和接受这只是增加情趣的小把戏，不是讨厌看到他或不想和他这个人做爱，即使是这样也不要说出来。有些伴侣会偶尔尝试和邀请另一半能戴上她所想象的性幻想对象的"面具"，或穿戴服装、刻意装扮，前提是要另一半愿意接受这样的方式，并以充满乐趣的方式进行。

幻想三：想象你期待的性爱方式

在伴侣性爱时想象你们正以你所期待的性爱方式做爱，能激发你内心的激情，这可能是你一直压抑没有表现出来的，想象能使不可能变为可能。你所想象的方式可以是你过去未曾经验过的但一直想要有的，或是你以往经验过的并且感到美好的，是你想要重现的性经验，不限定是和现在的伴侣。

这种性幻想方式可以是想象你想要做爱和感到兴奋的场景，如想象自己和另一半正在柔软的沙滩上、在浪漫的星空下、在学校教室里、在汽车里。你可以用心理暗示的方式来强化你的感官感觉，如想象在柔软的沙滩上时，你可以想象自己"看到"和"触摸到"洁白沙滩、"听到"海浪声音、"闻到"海水咸味等，使情景更为真实。当你要想象和重现过去美好的性经验时，你可以做出些铺陈，在什么地方，穿着什么衣服，你们开始做些什么、接下来做些什么，你那时的感觉如何。你也可以想象你们正以你想要的做爱姿势或方式进行，如你从被动变成主动的一方。

幻想四：想象情色影片的情节

情色影片或图片常成为伴侣性幻想的素材，你可以独自观赏，或邀请伴侣一起以轻松方式观赏，如果是两人共同观赏的话，要考虑对方的感受和接受度，避免认知上的差异。你们也可以念一段情色文章中有关性爱的描述，有些人对声音是比较敏感的。

想象情色或爱情影片的情节时，你可以"假装"自己和另一半是其中的主角，想象你们正做出那些姿势和动作，也可以实际做出尝试，但要记得大部分情色影片所表现的是经过设计或较为夸大的。你们也可以学习影片主角所使用的词汇或发出的声音，这样也能增加你们性爱的兴奋感。

幻想五：夸张描述身体变化和感觉

有些伴侣做爱就像演默剧一样，没有任何声音或回应，这样会让对方觉得你没有性趣、不够兴奋和投入，也会影响到他的兴奋度。试着想象和感觉你当时的身体变化和正面感受，或者是你当时希望有的，可以是想象的，不一定是你已经感觉到的，如"我感到……"、"我已经……"。这样的性想象或体验的感觉和描述，常是很好的自我性激发方式，对另一半也能达到性鼓励。

性幻想不仅能为幸福伴侣带来更为丰富的性爱乐趣，使爱更为延续；也能使性爱或情感陷入困境的伴侣突破现况和阻碍，产生奇迹变化。性幻想是你或伴侣最保险的情趣工具，也是性价比最高的，只要你愿意尝试和掌握技巧，性幻想将成为你们造爱的最佳锻炼。

挑动男人的性爱视觉神经

要管住男人的心先要管住男人的眼睛,而不是他的胃或钱,因为视觉刺激最能引发男人的性兴奋和欲望。掌握对男人最有性诱惑的颜色能大大增加你的性吸引力,也要懂得爱你的身体和投资家居服饰,使你更能激发另一半的性爱视觉神经。

视觉刺激最能引发男人性欲

"你到底在看哪里",当你和另一半到餐厅吃饭,邻桌来了一位有着诱人S形曲线、穿着惹火的女人,你会发现另一半的眼神会不时地飘到那女人身上,并不是他不爱你或想对那女人有不轨举动,是男人往往无法抵挡有吸引力的女人并从中获得视觉上的性满足,在性想象里获得愉悦和兴奋感。说穿了,大多数男人属于右脑思考,他通常是视觉导向,对看到的景象、图像或影片较有感觉,他不同于女人的左脑思考,较多是语文导向,喜欢爱情小说或甜言蜜语。

美国一家知名大学有项心理实验,要男女受测者盯着播放的情色图片看,施测者借着观察他们手指流汗程度来评估他们身体和情绪的变化强度,结果显示男人的反应普遍要比女性大得多,这实验也指出男人观看情色图片时,脑部特定区域的两侧腺体和中间丘脑下部的反应要比女人活跃许多。

我们也知道男人喜好观看网络上的情色图片和视频，这些视觉刺激似乎能很快引发他们的性想象、激发蠢蠢欲动的性欲。

瑞昌不讳言地说："当我在办公室或路上，看到经过我身旁的女人有着姣好脸孔和诱人身材，心里会不自觉地感到愉悦和兴奋，甚至会有性的想象，虽然，我知道不一定能做些什么。"在男人的各种感官里，要属视觉和性欲望的连结最为紧密和强烈，要远远超过听觉、嗅觉、触觉或味觉。只要你懂得如何掌控男人性爱视觉神经的刺激和反应，就能更好地展现你的性感和吸引他的目光。

对男人最具性诱惑力的颜色

当你抬头看到蓝天白云，心情往往会感到开朗和舒畅，但若是灰蒙蒙的天空或乌云满布，通常会使你感到沮丧或郁闷。从色彩心理学来看，不同颜色会引发我们不同的生理和心理的反应，如红色会使我们的呼吸和心跳加快，感到兴奋和激动；蓝色却会使我们身体松弛，并感到放松和稳定。然而，颜色在男人的性欲望上更扮演着正面激发或负面抑制的重要作用，你在另一半面前穿什么颜色的衣服或内衣？你们卧室床单是什么颜色？这些颜色都有"助性"或"败性"的功能。

美国一本知名杂志公布了一项关于性感与色彩的调查，结果显示男女都同样认为最性感的颜色依序为橘红色、深蓝色、紫色、黑色、黄色、绿色、褐色和灰色，就是说这些颜色较能展现性吸引力和激发异性的性欲望。我们将从色彩心理学入手，探讨色彩如何影响男人性生理和心理活动的，以及如何应用在两性的互动当中。

第一名：橘色

橘色是强烈感的颜色，它结合红色的热情和黄色的愉悦，传递兴奋、魅力、愉悦、创意、迷人、刺激，有着激发和鼓励的力量，使人感到精力充沛和身心愉悦；而橘红色更直接表达强烈的欲望、激情、愉悦，让人渴望采取行动，也略带掌控和攻击的刺激感。若女人穿橘红色内衣传达性爱的暗示和诱惑，会使男人无法抵挡。

第二名：蓝色

蓝色是代表天空和大海的颜色，它象征着信任、忠诚、智慧、自信；而深蓝色给人有深度、稳定和专业的感觉，也代表着智慧和权力。在两性互动中，深蓝色或灰蓝色的穿着带给对方安全、温暖和轻松的感觉，使他能卸下心防和减除内心的压力和焦躁，全然投入性爱当中。

第三名：紫色

紫色结合了蓝色的稳定和红色的活力，使人联想到忠诚，它代表着权力、高尚、奢华、雄心。紫色的穿着或配件能表现你的智慧、端庄、独立、神秘，使人陷入想象和感到奥妙。在性互动中，建议使用浅紫色以激发那种浪漫和怀旧的感觉，较不建议使用深紫色，容易给人沮丧或悲伤感，使人感到挫败。

第四名：黑色

黑色可说是最具神秘色彩的颜色，给人的感觉是优雅、严肃、神秘，也代表着力量和权势。黑色服饰给人的感觉往往是正式、优雅和高声望。

黑色的薄纱睡衣或剪裁得体的黑色内衣，能带给男人充足的神秘感，激发他想要探索和征服的动力。

你可能会纳闷代表热情的红色并没有名列其中，鲜艳的红色虽能引发男人感官和情绪的强烈刺激，但同时会增快新陈代谢，使呼吸加快、血压增高，容易让他有焦躁不安的感觉。另外，红色虽然能表现激情、活力，但另一方面也象征危险、停止，就如开车遇到红灯一样，反而会让男人有所担忧或顾虑，并抑制内在的性欲望。有些女人会喜欢白色的穿着，最经典的是新娘的白色婚纱礼服，白色传递明亮、纯洁、贞洁和完美，但在性互动中，会给男人过于沉重的感觉，也有种说不出的距离感，另外，也使人联想到医院和医生白袍，有种恐惧感或平淡感。

找到吸引另一半的性感色彩

不同男人会因性格倾向和生活经验对颜色有不同的偏好，认为性感的颜色或感受的强度会有所不同。你需要观察另一半对颜色的特殊偏好，你可以邀请他进行"色彩和性感"的测试。如果他愿意的话，你可以邀他到贩售女性内衣的专柜，或者你可以先从网络搜寻或杂志收集许多穿着不同颜色内衣的女模特图片，请他逐一对各种颜色评分，了解哪些颜色让他觉得性感，以及使他感到愉悦或兴奋的程度。

接下来，你可以尝试把另一半偏好的颜色运用在适当的地方，那能增添你的性吸引力，也能在激发男人性欲上加分。首先，是应用在你自己的身上，你的着装和打扮，如你穿着的内衣、睡衣或家居服，你使用的化妆品颜色，如粉底、唇膏、眼线等；其次，是在你们卧室的布置上花点巧思，你可以选择这些颜色的床单或枕头套，甚至可以变换卧室的灯光颜色。记得，尽量在几种不同颜色中做出尝试和变化，避免只有一种或两种颜色，这样容易产生视觉疲劳而使刺激强度降低。

男人看的还是女人的脸庞和身材

"是不是男人都会关注女人的外表？"如果你问男人这个问题，答案通常都是肯定的，姣好脸庞和玲珑身材往往能吸引男人的目光。在现实世界里，男人可能不会奢望另一半拥有像女明星或模特儿那样的脸蛋和身材，但至少看起来要是舒服的、赏心悦目的。文强抱怨说："我实在搞不懂，为何女人每次出门都要花很长时间装扮，但在家里却那么邋遢。"许多女人往往把自己最丑或邋遢的一面给另一半看，这和他在工作或社交时遇到的精心打扮的女人有很大的差异，不要陷入"在家里无所谓"的误区，你也要学会在另一半面前展现你身体的性感魅力。

对男人而言，女人的大而明亮的眼睛、坚挺的鼻子、厚厚的嘴唇、白皙的肤质和红润的脸色，往往能散发性感的魅力。另外，女人的胸部和臀部往往是男人视觉的中心，也是最抵挡不住的诱惑。你不妨一个人在家时在镜子面前仔细看看自己，详细记下你自己感到最为满意的10处身体部位，也可以问问另一半最喜欢你身体的哪些部位，并有自信地展现出你的性感。同时，也能掌握你可以做出改变的地方，如注重肤质的保养、保持嘴唇湿润而不干燥、搭配适当的发型、经常保持愉悦笑容，为自己的性感加分。

邋遢的女人容易使男人丧失性趣和兴趣。如"一回到家里，我要忙着照顾小孩和做家务，哪有时间打扮"、"在家里本来就要自然和放轻松，还要打扮什么"，这些可能都是不在乎或懒惰的借口。其实，并不是要你在家里也浓妆艳抹，但至少让另一半看到你时能感到愉悦。

男人看到女人以下这些情况容易变得没有性欲望，我们可以称之为"视觉上的败性行为"，其实，这些行为都可以做出避免或改善的。

- 头发脏乱，甚至出油、有头皮屑。
- 有着像男人的胡须。
- 腋毛不刮、腿毛太长。
- 肌肤松弛和没有弹性。
- 脸上涂抹太多的化妆品，像是抹墙。
- 指甲油剥落或破损，没有修补。
- 牙齿泛黄。
- 衣服皱得像抹布一样。
- 穿得太多或累赘。
- 不是睡觉时间，穿着睡衣在家里走来走去。
- 穿着塑身内衣或塑身裤。

女人需要经营另一个衣柜

你会发现你和另一半大部分相处时间都是在家里或床上，你花下重资买的外出的服饰、高跟鞋、皮包很难派上用场，有谁会在家里或上床时，穿着名牌服饰、脚蹬高跟鞋、拿着名牌皮包呢？这些大部分是给别的男人或女人看的，另一半不常看到你穿用，甚至从来不曾看到，会使他搞不清楚你是为谁精心打扮。所以，不要忽略你最重要的人和最重要的投资，就是你在家里常穿的家居服、内衣和睡衣。

　　你要开始编列预算，淘汰那些旧的或不适合的，为你自己添购新的，相信你的另一半会更乐意看到你这样的投资。家居服最容易被女人忽略，往往被睡衣或运动服替代，家居服讲究舒适、简单和温馨，也可以表现你的性感，你可以穿着家居服，和另一半一起用餐、交流、看电视，千万不要随便穿件松垮的T恤或保暖衣裤来伤害另一半的眼睛。你也可以参考另一半感到性感的颜色和样式，挑选你的内衣和睡衣，并在你们的性爱之日或之夜展现，为你们带来美好的性爱享受。

> 男人要先关注和满足女人在性爱方面的内心情感，女人也要先关注和满足男人在性爱方面的外表愉悦。其实女人外表改变要比男人内心改变更容易些，只是要看你是否有心去做和用心去做，你只要找到吸引另一半的性感色彩，修饰你的脸庞和身材，展现在他面前的穿着，你将会使他的眼睛只专注地看着你。

创造激情的性爱场所

性爱是伴侣生活最重要的一环，伴侣要正视性爱关系的重要和价值，不断地求新求变，使你们能在肉体和愉悦里享受爱的感觉。家里的不同地方和场景会给伴侣带来不一样的感官和情绪刺激，使性爱体验全新和美好。

变换场所带来全新性爱感觉

换个地方或情景能为伴侣的性爱增添新鲜感和刺激感。其实，女人在性爱上比男人更渴望变化，有时候她会想要些冒险刺激，女人也更需要情境铺陈，透过情境辅助促发内在热情，但这些渴望和需求却较多被压抑而没有获得满足。你们可以用开放和冒险的态度开始性爱之旅，利用家里的一些场所的地形和地物，按照它的特色加以运用，也可按需要事先准备些器具，为性爱带来全新和舒适的感觉。

如果你是居住在拥挤的城市，要在住家以外的场所找到安全和浪漫的性爱场所会有些麻烦和困难，你也不用感到沮丧，其实，在你们生活的家里，只要发挥一点想象和创意，就可以找到和创造一些极尽浪漫的性爱场所，即使在卧室也能透过增加许多花样而带来不同的感觉。拿出你们住家的格局图样，不是要装修房子，而是开始探索哪些地方是你们值得尝试的性爱场所。

伴侣需要找时间好好做爱

找时间做爱对伴侣是重要的生活安排，伴侣常把太多时间和精力放在工作和家庭事务，特别是女人忙于照顾孩子和家庭，性爱好像变成睡觉前的活动，甚至变成"能免则免"的苦差事。要轻松地享受伴侣性爱的愉悦，要先为你们的性爱之旅设置时间和营造场所，你们可以选择在平日的一个或两个晚上，以及周末有一个上午或下午时间，预备最好的身体和情感能量展开你们专属的性爱时间。

伴侣需要找地方好好做爱

如果有其他人和你们同住，如孩子、父母或保姆等人，常会使你们的性爱活动无法肆意发挥，也使你们尝试家里其他场所进行性爱的念头变得有所顾虑和却步。所以，你们要事先做好安排，如先把孩子送到父母家一个下午，或在孩子去上课的这段时间，不要使他人或其他因素成为你们性爱的阻碍，找到你们可以独处和尽情发挥的时间。

场所一：为卧室增添乐趣

也许你会认为卧室已经是老掉牙的地方，"上床"也已成为性爱的代名词，心里质疑卧室还能变出什么新奇花样。其实，为你们感到熟悉的场所增添一些创意和乐趣，创造不同的性爱场景，会为你们带来完全不一样的感觉。比如，可以用毯子、枕头和靠垫来搭建爱巢，可以围成像鸟巢形状或支起毯子搭建成洞穴，会有不同场景的新鲜感。在床上挂上挂帐或蚊帐，会有那种欧洲宫廷贵族的华丽感觉，也能为性爱创造些隐秘感，可以选择你们喜欢的颜色，如白色或粉红色。

所以，在性爱过程里，你和另一半的身体紧密地接触着床单，棉布、丝质、亚麻布会有不同身体和性爱的触觉，换个不同材质或图案的新床单会有不同的性爱感觉，如丝质床单会提升你们的热情。在床单上撒些东西会有意外之喜，你们可以在床单上撒满你或另一半喜欢的且柔软的花瓣，如玫瑰花瓣，躺在上面会有极为浪漫的感觉，也可以使用花瓣爱抚对方或撒在对方身上，也是种愉悦的体验。

视觉刺激会点燃男人的性趣，并创造出对你更多的性渴望，如果你们的卧室有大型的梳妆镜或穿衣镜，看着镜子中的你们会让性爱活动产生一种全新的感觉。而在黑暗中会有不一样的性爱感觉，使你和另一半的听觉、触觉、嗅觉更为敏感，也能去除你们的羞怯感，可以使用卧室就有的眼罩、丝巾或手帕，蒙住你们的眼睛。

如果你们卧室的衣柜空间够大和牢固，在衣柜相对狭小空间里进行性爱，会使你们有窒息的性快感，也可以准备手电筒在黑暗的衣柜里先来段嬉戏。也可在卧室的地上铺上毯子或软垫，使你们性爱的战场从床上到床沿、再到地上，享受翻云覆雨的感觉。

场所二：浴室里水乳交融

许多伴侣可能都尝试和享受过在浴室和另一半共浴的乐趣，确实在水里或水下两人身体的亲密接触和爱抚会带来与平常有所不同的感觉，然而，浴室不仅是共浴或爱抚的地方，也能成为性爱的浪漫场所。首先，你们要把浴缸尽量清洁干净，在浴缸里撒上玫瑰花瓣、喜欢的香精味道，或者来个泡泡浴，以愉快交流、泼水嬉戏或水里爱抚为性爱做好暖身。

　　水中性爱会与陆上有不同的感觉，水的浮力会使你们感到奇妙。如果你们的浴室装设有按摩浴缸，开启按摩的功能，在强力水柱的冲击下会增加更多性爱乐趣。你们也可以利用浴室里的其他可用的设备资源，如利用洗手台，女方俯身在上面，双方面对镜子，采取背入式的姿势；马桶也是一种不错的选择，放下马桶盖，男方坐在上面，女方面对或背对男方坐在男方上面，采取对坐的姿势。

　　淋浴式会使你们有种处在瀑布下的感觉，可以从彼此的擦洗、抚摸开始，到激情的拥抱，在不断冲击的水流下，会有种特别强烈的兴奋感。随着淋浴的水流在身体上，女方可面对或背对浴间墙壁靠着站立，维持身体重心和平衡，伴侣可采取站立性爱体位。另外，穿着类似星级饭店的那种白色浴袍，会带来在外面度假的感觉；也可以将浴室的灯光关掉或变暗，或用毛巾蒙着眼睛。

　　场所三：厨房结合食物和性爱

　　想到厨房就不免想到美味的食物，善用厨房能把食物和性爱巧妙结合在一起，享受两人快乐的时光。你们可以从一起洗碗盘的前戏开始，女人可尝试穿着围裙、里面穿较少衣服或不穿衣服，若隐若现要比裸体更诱人和具有挑逗性，能激发男人的感官欲望。

　　你们可以一起先吃或喝点东西，最好是浪漫点的轻食，如巧克力、小蛋糕、红酒或你烘焙的饼干，可以互相喂食东西，用手指头、嘴巴或小汤匙将食物放入另一半口中的过程是亲密连结的行为，能够引发美味和激情的感受。美国一个嗅觉和味觉治疗与研究基金会的研究指出，黄瓜、熏衣草、南瓜派、婴儿爽身粉最能燃起女性的性欲，所以，可以来盘黄瓜色拉、吃一块南瓜派，或喷些熏衣草空气清香剂或香精，这样会使女人更容易进入情况。

你们也可以在彼此身上一些敏感部位涂抹些东西，如奶油、蜂蜜、橄榄油、调味品等，并将这些涂抹的东西用嘴巴舔食干净。在天气暖和的日子里，冰箱里的冰块是不错的道具，将一块小冰块轻轻地沿着对方的脖子、背部或胸部向下滑过，沁凉感觉会激发内心的兴奋感。

场所四：客厅的双人舞和下午茶

客厅算是住家里相对较为宽敞的场所，当然也是伴侣不可错过的性爱地方。如果是在晚上，你们可以把客厅的灯光调暗或关掉，随着播放的舞曲或情歌，两人相拥翩翩起舞，即使你们没有学过舞蹈也没关系，只要随着音乐两人紧紧拥抱并左右摇摆，这样的身体接触和律动必然挑起激情。

如果你们有段完整的周末下午的单独相处时间，那你们可以设置一段慵懒时光，两人坐在舒服的沙发上一起享受下午茶，一边品尝甜点和水果茶，一边愉悦地交谈和调情，这要比到外面拥挤的咖啡厅更有情趣，也可以在愉悦和兴奋的氛围里展开客厅里的性爱之旅，可以在这段时间播放情歌，但最好不要打开和收看电视，电视节目会使两人注意力无法集中在对方身上。

客厅的沙发是性爱首选的地方，真皮沙发会散发某种原始的味道，对某些人有激发性趣的作用；如果你不喜欢鼻子太近接触这种味道，或者不喜欢自己的身体躺在平常在坐的沙发上，你可以铺垫毯子在上面。伴侣可以采取女方半躺或俯身在沙发上的姿势，或者男下女上的对坐体位。

场所五：其他意想不到的场所

除了卧室、浴室、厨房和客厅外，还有几个你可能意想不到但也会有惊喜的地方。首先是阳台，你们可以利用卧室或客厅的阳台，在有阳光的日子，一起躺在阳台的躺椅上，就好像在海边日光浴一样，如果你们要更有那种感觉可以换上泳装，也可以来段海滩邂逅的戏码，互相为对方涂抹乳液。如果是在晚上，你们可以互相依偎地躺着或站着，欣赏窗外的夜景或星空。

你们可以在阳台的地板上铺上毯子、软垫或瑜珈用垫子，如果阳台的空间够大还可以搭建单人或双人的帐篷，将周围的灯光关掉和使用手电筒，会有种在野外露营的感觉。接着是书房，你们可以善用书房里的电脑椅或办公椅的功能，比如那种有轮子可以到处滑动或者可以上下升降调整的；也可以利用书房里的书籍或文件夹来段老板和秘书的角色扮演。

如果你们能发挥想象和创意，家里这些原本看来普通和只有生活机能的场所，也能顿时成为美好性爱的场所，使性爱变得更为浪漫和激情，也能成为你们共同的奇妙回忆，只要你能以更为开放的态度开始你们的性爱冒险之旅，就一切都有可能。

性后戏使性爱更美好

性后戏使伴侣性爱有美好结局，使性爱激情延续并加入浓浓的亲密，好的性后戏能再创高潮，在此敏感时刻，一些愉悦话题或亲密行动常能大大增加性爱满意度。

永昌在性爱之后，就好像刚才已经用尽所有的精力，不出几分钟就会睡着、甚至打起呼噜，即使他还有精神和不想睡觉的时候，他也是习惯性地打开电视看足球转播，或者到书房玩他的游戏。刚开始菲菲还能体谅他需要放松，但经过一段时间，她感觉自己的需要和感受是被忽略的，自己期待的兴奋和高潮还没来到，性爱就结束了，这使她在每次性爱之后都感到沮丧和失落，甚至开始对永昌不满和怨恨，认为他只顾自己的生理需求，得到发泄之后就弃她不顾，但她又不知道怎么表达出来，逐渐对性爱感到排斥。

性后戏延续激情并加入亲密

许多伴侣可能如永昌和菲菲一样，性爱活动通常在男人获得高潮后就戛然而止，"性后戏"往往会被忽略或者不知道要做些什么。其实，在伴侣性爱之后的 30～60 分钟，或更长时间，是女人和男人在情感和身体上最为敏感或脆弱的时刻，他们需要从刚才的性爱激情里平复下来，使升高的血压、加快的心跳和性兴奋放松下来。

性爱之后的这段时间更是伴侣制造浪漫和增进亲密的最佳时刻，两人可以一起做些事情让双方更为亲密，如聊聊天、紧紧拥抱、一起欢笑、吃些东西、深情亲吻、相拥入睡、再次做爱，或回味刚才的激情，这些温柔举动能增进伴侣亲密的连结，是在激情过后的更为深入的连结。

我们可以形容一场没有性后戏的性爱，就如同一篇文章没有结语、一部戏剧没有结局，少了那份完整和美好。性后戏的重要性并不亚于性前戏或者性爱本身，如果说性前戏是为接下来的性爱铺陈和激发，性爱是伴侣性欲和激情的极致表现，那么性后戏能使这激情延续并加入更多亲密成分。如果伴侣能对性爱之后的这段时间做出巧妙安排，便能更好地增进性爱的满意程度，也能为性生活大大加分。

男人性爱后表现常让女人沮丧

就如永昌在性爱后的表现，伴侣在性爱后的一些行为表现常不自觉地让另一半感到沮丧或受伤。首先，男人让女人最无法忍受的是在性爱之后就转身呼呼大睡，完全不顾女人的感受和需要，独留还在升温中的女人呆呆地望着天花板，男人这样的举动会让女人感到被忽略、不体贴，甚至对性爱感到反感，如果男人是因为身体过度疲累，那就需要调整自己在性爱开始或之前预留体力；其次，有些男人会习惯在性爱之后做些让女人讨厌的事情，如独自抽着烟、打开电视看着运动节目，虽然他是想放松一下自己，但是却会把女人晾在一边。

其实，不仅是男人会这样，女人也有一些性爱后的举动会让男人感到不舒服或厌烦。首先，许多女人会习惯在性爱之后就马上冲到浴室洗澡，男人会觉得她是要冲洗掉代表他们亲密的东西，或觉得她是感到肮脏或嫌恶；其次，有些女人在性爱后出现莫名的负面情绪，如感到悲伤、内疚、焦虑或沮丧，这会让男人感到困惑和不安，消极解读和认为她是在忍受而不是享受性爱，或者认为自己没有满足对方，如果女人在性爱后经常出现负面消极的情绪，且是强烈的，建议你寻求心理咨询的专业帮助。

女人能在性爱后获得高潮

大部分伴侣在性爱中往往很难达到同步，女人很少能在男人获得高潮之前或同时达到高潮，所以，也就是说在男人高潮之后，大部分女人还没有获得高潮，甚至还只在暖身阶段，男人却已经结束。有人形容男人的性欲如同电灯开关，来得快也去得快，而女人却不同，她像是熨斗，来得慢也去得慢，需要一段较长时间消退，而这段时间是女人的身体和情感最为敏感的时间。

伴侣需要知道如何在性爱之后激发女人和使她也获得满足，男人可以体贴地为女人爱抚性器官或其他身体敏感部位，也可以用口交方式；女人也可以自己进行自慰，或者她为男人口交，使他能够再度勃起并再次做爱，使自己也能获得性满足，当然，也可以尝试使用适当的性爱用具作为辅助。

在性爱之后，男女都需要一段时间恢复和重新启动，特别是男人要一段时间后才能再度勃起和进行性爱，所需时间的长短端视他的年龄、体力和当时情境而定，有些男人可以只要几小时，有些男人甚至要几天时间。如果你或你们期待再次性爱，你可以使用一些方式来激发他再度勃起，如温柔地爱抚他身体敏感部位,热情地亲吻他,用手抚摸他的性器官或口交等。

愉悦话题能使人倍感浪漫

伴侣在性爱之后聊些彼此感兴趣或感到轻松的话题,不仅能帮助双方在激情之后的身心放松,更能延续和深入那份亲密感,对女人而言,这份甜蜜更能沁入内心。在这段情感最为开放和敏感的时间里,伴侣最好能谈些浪漫和愉悦的话题,首先,可以分享你对刚才性爱的观感,特别是让你感到美好或兴奋的地方,至于你感到不足的地方要放到其他时间再讨论,你也可以赞赏另一半在性爱中的表现,会增进他的性自信和性欲望。

其次,你们可以回忆过去一些美好经验和对未来的想象,如你们初次约会发生的有趣事情、第一次做爱的时刻,以及你们一起想做的且感到浪漫的事情,也可以温柔地告诉对方,你喜欢或欣赏他的事情。再其次,你们可以诉说此时你们感到亲密的程度,或告诉对方你对他的爱意,如告诉他"我爱你"。

然而,有些话题是不适合在这时候交流或讨论的,特别是那些让对方感到有压力或焦虑的问题,例如,谈到孩子最近表现的情绪或行为问题,要求对方能多花时间在孩子的教养照顾上面;谈到目前家庭财务问题,你对家庭花销和财务情况感到悲观,或者谈一些你们过去未解决的冲突,如过去发生的外遇问题,这些话题不是不能讨论,但不是在此时此刻。还有一个禁忌就是别在这时和对方谈到你需要钱或想买哪些贵重东西,这会让男人感到惊讶或觉得是在进行性交易。

性爱后创意的亲密活动

许多男女会在性爱后有些习惯行为,例如,取掉安全套和做些清洁动作,到洗手间小便或到浴室沐浴,感觉口渴时找些饮料喝,在激烈运动后有点饿到厨房做东西吃,或者整理好床单准备睡觉。然而,伴侣需要预留一些精力在这美好时刻创造些浪漫的互动,而不是草草地结束。如果你们都感到疲累或另一半不在乎,你也可以在性爱后和对方说晚安再入睡。以下是七种有创意的性后戏,你们可以在性爱之后选择你们感兴趣的几项去做。

性后戏一:亲密拥抱
两人在床上相互亲密地拥抱,可以是躺着或背部靠在靠垫上半坐着,依偎在对方的胸膛或手臂上,一起听些浪漫的音乐或情歌,或对你们具有特别意义的歌曲,你们可以准备较好的床头音响。

性后戏二:吃些东西
如果你们习惯在性爱后要喝点或吃些东西,那务必设置得浪漫和甜蜜些,你们可以喝点红酒或果汁,另外再配点小饼干或蛋糕等甜点。不要大吃大喝,或者要花很多时间准备,弄得太复杂会破坏原有的亲密氛围。

性后戏三:互相按摩
你们可以体贴地互为对方做些背部或足部的按摩,让对方身体感到放松和减除酸痛，也可以轻柔地爱抚非性器官部位，如女人的头发、耳朵、颈项、臀部等，男人的脖子、三角地带、大腿内侧等，增加对方身体和心情的愉悦。

性后戏四：轻松散步

如果你们还有体力和时间允许的话，或者你们是到风景优美的地方旅游住宿，你们可以走到户外散散步，或走到阳台上依靠着栏杆或坐在躺椅上，一起看看夜景、仰望星空。

性后戏五：观看影片

你们可以一起坐在床上用最舒服的姿势，观看你们感到浪漫的影片，或者对你或你们有特别意义的影片，记得要事先准备好，不要临时来挑选。如果你们想要再次做爱，也可以一起看段激情或情色影片来激发性欲。

性后戏六：一起沐浴

如果伴侣一方在性爱后独自去沐浴又花较长时间，会让对方在这段"空窗期"有强烈的孤单感，你们可以尝试一起沐浴，在沐浴时为对方轻轻搓洗或按摩身体，也不排除在沐浴时再来一次浪漫的性爱。

性后戏七：纪录浪漫

如果你喜欢写些东西，你可以在这段时间写下你感到浪漫和被爱的情景或故事，也鼓励你可以读出来给另一半听，一起沉浸在文字的浪漫里。

性后戏使伴侣性爱更为完整和完美,少了性后戏的性爱就如一个圆缺了一块。你可以选择一段合适的时间和另一半开放而真诚地交流,彼此表达希望另一半或你们一起在性爱后做些什么,共同创造美好的性后戏。如果你们以往没有这样的习惯,可以尝试从你们感到最舒适和有兴趣的一项开始做,并在未来性爱生活里,让性后戏更为丰富和多样化,为你们的性爱添加色彩。

开放的性协调

OPEN COORDINATION

伴侣再忙也要找时间做爱

如何与男人性沟通

伴侣性爱契约

探索你的性爱风格

性爱相容才有美好性爱

伴侣再忙也要找时间做爱

无论你们生活有多忙碌，想维持健康和稳定的伴侣关系就一定要找到时间做爱。别再为没有时间做爱找借口，而是努力找到更多、更好的做爱理由。你们要学会找时间，除晚上睡觉前时间，一天 24 小时里还有许多绝佳的性爱时间等你去发掘。

晓雯和老公婚后都在工作，老公靠着工作努力升到管理职位，但加班、应酬或出差就更加频繁，平常工作日往往回到家都晚上十点或更晚，周末如果没有加班就想睡得更晚补眠；晓雯也没有闲着，除了工作忙碌，回到家还要照顾三岁的儿子，还有许多要忙的家务。两人最近一次的性爱已经是三个月前，而且那次也因两人都太累草草结束，后来两人都变得性趣缺缺，因为实在太忙或太累。

没时间做爱是伴侣危机的信号

目前像晓雯这样因为太忙或太累没有时间做爱的伴侣可说是非常普遍，尤其在有孩子之后问题更加明显。工作、孩子、父母、朋友、家事、兴趣占据大部分时间，忙碌一天后到了床上，两人都疲惫不堪，没有体力和心情做爱。即使是早上睡醒时想要性爱，也因要赶着去上班或想着今天要做的事情，无法好好享受性爱。即使觉得很久没性爱而勉强做了，也会感觉性爱质量下降，没有享受到愉悦或激情，心情更加沮丧。

"不就是没有时间做爱而已，我们关系还不错"，也许你心里会这样想或为自己辩解，你可以找到许多借口来解释，为何你们没有时间做爱。可就算你们的关系稳定，但没有时间做爱也代表你们没有时间制造浪漫和激情，甚至没有时间情感交流，失去伴侣最为亲密的连结。所以，你要记住，一个健康的伴侣关系需要找到时间做爱，无论你们生活有多忙碌。

先为做爱找到些好理由

当我在带领夫妻团体或进行婚姻咨询时，问一些伴侣"为何要有性爱"，许多人会停顿一下，好像从来没想过这问题，想了一会后，他们的回答又往往是模糊的，"就感觉还不错"、"夫妻都要这样"……你想过这个问题吗？其实，在伴侣不同生活阶段、关系状态或时间里会有不同的理由，如刚结婚时是为了怀孕，到了一定年纪是为了感觉年轻，你可以为性爱找到许多好的理由。

如果你们能为做爱找到理由，将对维持美好性爱有所帮助。首先，你会相信对你和另一半的身心以及你们的情感和关系，性爱是重要且有价值的，这样你们才会上心、把它放在生活中更优先次序，而不是视为有时间再做，这样经常会找不出时间来。其次，为性爱找到理由并实现，如提高生理或心理需求的满足，能增进满足感和成就感，而不是在性爱之后突然感到一阵空虚或失落。

要使性爱更为美好，就先要为性找到爱的理由。以下这些理由是许多伴侣想到的做爱的理由，有些看起来是好的理由、也有些不是，无论如何，只要你或你们能找到感觉好的理由就可以。

- 因为你们彼此相爱，或证明你们彼此相爱。
- 使你自己或另一半感到被需要。
- 这是伴侣关系承诺的一部分，也使关系的承诺更加坚固。
- 取悦对方，使对方的性欲获得满足。
- 使你自己获得兴奋和高潮。
- 你或另一半能释放内在强烈的性欲望。
- 使你自己感到性感，或在另一半面前表现性感。
- 为了怀孕、有孩子。
- 使你在性方面更有经验。
- 使你感觉更年轻些，或证明你还年轻。
- 证明你还有性能力，你还行，你的性功能是正常的。
- 你或另一半能疏解或释放生活或工作压力。
- 帮助你更好入睡或睡得更好。
- 在你们冲突之后的和解，表达言归于好的善意，或释放冲突时的压力。
- 展现你在关系里的权力。
- 尝试新的体位或性爱方式。
- 使身体感到愉悦或更加健康。
- 让别人对你们有美好性爱感到羡慕。
- 不会让生活变得过度无聊或枯燥。
- 使身体更加健康

虽然很少伴侣会为身体健康或预防疾病的理由做爱，但这也不失为好理由。根据医学研究报告指出，和谐性爱能增进身体的免疫力，促进心血管健康及预防心脏病，减轻慢性疾病的疼痛、如头痛，它也是很好的运动，能消耗热量，也能滋润肤质或增强骨质以避免过快衰老，以及预防男女的一些疾病，如男人的前列腺癌、女人输卵管或卵巢等妇科疾病。

设定好伴侣的性爱生物钟

想到性爱许多人会想到那是晚上睡觉前做的事，其实，除了晚上睡觉前的时间，以一天24小时来看，还有许多绝佳的性爱时间。谁说做爱一定要在睡觉前？特别是当你们到睡觉前已经身心疲累，进入"只想睡觉"的状态。所以，你们可以尝试找到一天里的其他时间享受性爱，对一天里的重要时段做出讨论和协调，使你们性爱时间达到同步，设定你们专属的"性爱生物钟"。

早晨性爱开启愉悦的一天

首先，你要认识到两个事实，一是早晨是大部分男人最想做爱的时间，在一个晚上的充足休息积蓄精力后，或许他还做了一晚春梦，再加上晨间自然勃起，以及你早晨刚睡醒的慵懒样子表现出的性感往往会激发他的性欲望；二是根据研究，这段时间的性爱是最容易获得高潮的。在早晨起床时，只要你们两人都有心情，早晨性爱常能使一天的心情都感到愉悦，特别是对男人而言。

但美中不足的是你或另一半可能担心无法准时上班，或对今天要做的事情有压力，而阻碍原先的激情，你可以先放松下来，放下一切烦恼尽情投入，你会发现这些烦恼会随着性爱而消退。如果早晨时间较匆忙、无法有足够前戏，也可以享受直接和狂野的性爱，或者可以尝试在前一天晚上早点上床和比平常早一个小时起床。有些女人会拒绝男人早晨的性爱邀请，如"时间来不及了，晚上再说"，你的拒绝会使男人一整天都闷闷不乐、烦躁不安，甚至不吃早餐，还给你脸色看，你却迟钝地觉得他莫名其妙。

午间性爱约会使人倍感刺激

在一天工作时间的中间，和亲爱的人享受性爱能使人感觉美好，也能充分疏解工作积累的压力、增强自己的身心能量，使下午的工作更有效率和生产力。另外，午间伴侣性爱不仅使人有忙里偷闲的感觉，也会使你或另一半有种"偷情"的奇妙兴奋感。

你可以在前一天或当天上午就邀请另一半，你想和他来个午餐约会，避免他在下午一开始就排重要会议或事情，你们可以在午餐前后享受刺激的性爱，性爱其实是你们今天中午更为可口和主要的"美食"。但要记得一件事，就如吃完东西要擦嘴巴，也要留点时间梳理自己的服装仪容再回到工作场所。

善用下午茶或晚餐前时间

下午茶时间大约是下午三四点的时候，虽然，在平常上班日要在这个时段进行伴侣性爱有些困难，但这个时段是男人白天里性欲最为旺盛的时间，也是最容易躁动的时刻，另外，根据医学研究指出，这段时间也是伴侣最容易受孕的时间。你们可以约定好，提早一或两个小时下班，如果你们的孩子还在学校或父母家，家里只有你们两个人，那这个时间对你们而言是难得的好时间。

或者黄昏时刻你们下班回到家,这是你们两人从早上分开后重新会面的时候,也许你们在白天彼此思念了对方一整天,抑或想要释放压抑一整天的性饥渴,所以不用急着做饭或吃饭,可以在晚餐前先放松地享受性爱。但可惜的是,这段时间男女的性欲望普遍会偏低,可能是因为肚子饿了或血糖较低,那你们可以先补充简单食物或甜点。

睡觉前的性爱是最为典型

许多伴侣会利用睡觉前时间做爱,这是最为典型的性爱时间。睡觉前进行性爱是件美好的事情,它能疏解一天的压力和释放内在的性欲望,使自己更容易入睡、也会有美梦,比吃安眠药更为有效,也为你们一天划下美好的句点,通常能带来满足感。如果你们经常上床时候感到疲累,那就比平常时间提早一个小时上床,或者晚上不开电视或电脑,提早上床会使你们在睡觉前有较长时间好好享受性爱。

你们曾经在半夜里做爱吗?那会给你完全不同的感受,在你们半梦半醒之间彼此碰触到对方,或半夜里醒来还迷迷糊糊,处在半意识状态,这时的性爱会有种在梦境中或是在做梦的感觉,可说是幻觉般的性爱经验。但这要是美梦而不是成为对方的噩梦,当你或另一半要吵醒对方,要先获得对方的同意,因为有人非常重视睡眠的质量,不要让你或另一半有种被强迫的感觉。

对伴侣而言，性不只是"性"那么简单，更代表着爱与被爱的情感连结，当你们已经忙到没有时间做爱，也暴露出你们的情感出现重大危机。你可以找到许多好的理由做爱，意识到性爱是你们关系最为重要的事情之一，同时，掌握你们一天里感到美好的性爱时间，设定好你们专属的性爱生物钟，重拾美好的性爱体验。

如何与男人性沟通

慎防小问题变成大问题。性爱问题往往会引爆伴侣关系为冲突和危机,伴侣性爱生活失调很容易引发抱怨和不满,对另一半产生负面观感和情绪的积累。娟子和另一半在生活作息时间上有明显的差异,当到了晚上十点,她已经感到疲累想要睡觉时,另一半不是应酬还没回到家,就是一个人在书房打游戏或做其他事情,直到十二点才想到要上床,并表现出"性致勃勃"的样子,娟子不是勉强配合,就是生气地拒绝,她和另一半抱怨过几次,但觉得他根本没在意她的感受,始终没有改善,性爱生活对她而言已变成忍受而不是享受。

伴侣性爱生活就如同其他生活习惯一样,存在着或多或少的差异,如果这些差异没有获得协调或解决,将造成情绪、认知和关系的延续问题,如娟子就开始感到沮丧和不满,觉得另一半根本不尊重和体贴她,甚至开始有想要分开的念头。当伴侣性爱出现问题或不足,又缺乏真诚开放的沟通交流,就会对性爱逐渐缺乏激情和兴奋,甚至演变成无性生活,所以,伴侣要在察觉到问题时,就做出有效的性沟通,而不是采用压抑不说、批评指责、痛苦忍受、另辟蹊径等无效方式,使小问题变成大问题。

获得美好性爱需要性沟通

"性爱是伴侣关系的大事",但伴侣遇到性爱生活出现问题或希望有所改变时，往往很少会去谈或不知道如何去谈。性爱是伴侣最为奇妙和私密的互动，是身体、情感和心灵的结合，所以，透过双方性沟通察觉和解决性爱的阻碍，以及了解彼此期待做出改变，才能获得更满意的性爱生活。其次，男女在性生理和心理上有着很大的差异性，无论是在性爱的刺激、需求、反应、高潮上，都需要彼此探索和了解，以达到伴侣"性同步"，使两人在性爱里同样感到自在、愉悦、兴奋和高潮，而不是一个人独乐乐。

伴侣性沟通常有三个误区：首先，认为谈性会伤害到男人的自尊，当你表达性爱不满足，会让对方感到他是不行的或不够好的，其实，当你能用对方可以接受的方式，如表达你希望或想要的行为，要比你表现出不耐烦或性冷淡更好。其次，认为谈性会造成另一半误解你是性欲过高或过于主动，其实，这是你的猜测和不必要的担忧，当你们透过性沟通在性爱中探索和成长，能减少你和对方的焦虑，建立新的性爱关系。再其次，认为男人不会在乎女人的感受，只想到满足自己，所以谈也没有用，其实，大部分男人很在乎另一半在性爱中的反应和感受，也希望自己能满足另一半的需求。

和男人性沟通的五大禁忌

性沟通比其他事情的沟通要具有更高度的敏感和技巧，无效的性沟通往往会变成抱怨、指责、唠叨，所以，要避免触犯以下五个性沟通的禁忌：

1. 无情批判："我就知道你不行"、"老实说，我一点感觉都没有"、"我从来没有高潮过"，这些批判会使男人感到自己无法满足你，导致对你的性趣和性自信降低。
2. 做出比较:"我觉得宇森比你更知道怎么做",千万别把另一半和其他男人做比较,无论是你好友的另一半、前男友或影片男主角,这样做会使对方感到挫败并变得愤怒。
3. 选错时间:不要在做爱前或进行中,一直告诉或告诫对方要做什么或不做什么,甚至开始抱怨,表现不屑或无聊的表情,这会使男人性趣全无,觉得你故意和他作对。
4. 找人抱怨:当你向周围的人抱怨性生活是如何的不满和糟糕,即使那些人是你的朋友或兄弟姐妹,但如果这话传到另一半的耳中,会让另一半感到没面子而异常愤怒。
5. 威胁利诱:"如果你再不……,那你就别想要",当你使用威胁或利诱的方式,把性爱变成条件式的活动,会使男人觉得你把性爱当成工具或武器。

整理性沟通的清单

和男人性沟通首先要掌握清楚具体、就事论事、直截了当的技巧,不要模糊不清、过度夸大、拐弯抹角,这些行为会让男人变得烦躁、不耐烦。你可以先自己整理和写下来哪些事情或问题是需要你和另一半进行性沟通的,也可以邀请另一半这样做,完成你们的"性沟通清单",并将你们共同认为重要的,或较容易达成共识的,列为优先讨论,将这些问题在你们的性沟通时间里逐一做出讨论和协调。性沟通的内容可分为三类:

伴侣性生活协调

- 性爱时间的安排，选择在双方身体和情绪都预备好的时段。
- 性爱频率的协调，按照两人的性欲需求做出协调，了解到男人倾向非周期性、女人倾向周期性。
- 身体接触的约定，每天或经常进行非性交的身体亲密接触，如亲吻、爱抚等，以维持和增加性能量。

性互动过程变化

- 性活动的变化，讨论如何在性爱姿势、方式或场所上做出变化。
- 性欲望的刺激，在性爱前进行适当的爱抚或亲密谈话。
- 做出不同尝试，如角色扮演、一起性想象、使用辅助用具等。
- 性爱过程调速，如何使双方都获得满足，而不是过快进行和匆促结束。
- 敏感地带探索，双方进行性敏感地带的探索和练习，并应用在性爱过程中。

性问题或阻碍

- 长期无性生活或很少从性生活中获得快感和满足。
- 在性行为时经常感到疼痛或不良反应。
- 一方或双方没有性欲或性反应不足。
- 一方或双方认为性生活缺乏兴奋感或新鲜感。
- 一方或双方出现性功能障碍，可能是生理或心理上。

性沟通的关键技巧

和男人性沟通需要掌握以下五个关键的技巧，才能在安全和温暖的氛围里，做出正面积极的性沟通，达到期待的结果。

技巧一：说想要的

表达你"想要的"，而不是"不想要的"，喜欢或希望对方或你们一起怎么做，或希望做出哪些改变，进一步说明，当对方这么做时，会带给你哪些正面感受或满足。如娟子可试着告诉另一半"我希望我们可以选在我比较有体力的时候，这样我比较能够投入和表现热情"，而不是"你为什么都要选在我很累的时候才上床，你当我是什么"。

技巧二：就事论事

清楚具体地表达想法和意见，不要过度夸大对方的缺点或不足。比如对于另一半总是过快开始和结束，娟子可以表达为"最近这几次，我觉得少了彼此的爱抚和足够时间互动，感到愉悦和兴奋较少"，而不是"我觉得你一点都不体贴"。同时，要能将讨论焦点集中在现在的事情上，避免翻旧账，如"我们刚在一起的时候，你不是这样的"，也不要猜测对方的感受或行为，如"你是不是外面有女人，不然怎么会这样"。

技巧三：说出重点

两性沟通里，女人喜欢谈过程和细节，例如"你看你上礼拜一开始就……"，但是和男人进行性沟通，则要说出重点而非漫谈细节，要沟通结果而非思考过程，所以，娟子可以直截了当地和另一半谈"我觉得我们的问题是在两个人期待性爱的时间不同"，或者"我们需要找到两个人都认为适合的时间"。在你说出重点后，试着跟他一起讨论，并给他一点时间酝酿答案。同时要注意适当的表达，要见好就收，不要喋喋不休，或是得理不饶人。

技巧四：强调优点

性爱出现问题，男人要比女人更焦虑不安，当你一开始就数落他这个不好、那个不会，容易引发他的防卫和抗拒心理，表现出烦躁、否认或攻击行为。你能先看到和肯定他在性爱里让你感到满意和值得欣赏的地方，再谈你希望改变的地方，会使他更愿意开放和改变。如娟子可以对另一半说"我觉得你尝试用不一样的方式，能让我们的性爱更丰富有趣"，而不应该调侃地说"你的花样可真多"。

技巧五：做出倾听

男人在回答问题前通常需要时间做出思考，所以，你要给他一些时间想想，而不是催促他立即回应或做出承诺。如娟子告诉另一半她的意见之后，看对方沉默没有答话，就不耐烦地说"你到底想怎样，说啊"、"我觉得你一点也不在乎的样子"。其实不是，事实是他还在想怎样回答。另外，对于你所提出的性爱问题，也要让他有充分时间做出解释或说明，而不是强迫他接受、不给他解释的机会。

创意的性沟通方式

方式一：伴侣读书会

一起阅读有助伴侣性爱成长的书籍、文章，或观看电影或影片，有些杂志两性专栏每期都有伴侣性爱和两性关系的文章，如谈到美好性爱的习惯、预防伴侣性疲劳等。针对这些信息做出讨论，轮流表达自己的看法，并实际做出尝试。

　　方式二：希望清单

　　可以利用一段时间想想，当你们拥有美好的性爱生活后，那会是什么样子？和现在有什么不一样的地方？双方各自条列出希望改变的地方并做出讨论，包括自己、另一半或一起可以做些什么，肯定对方愿意去做的部分，也探讨他还不想做的部分。

　　方式三：游戏活动

　　透过游戏活动让性沟通变得较为轻松有趣，如"老实说"游戏，双方将希望知道的对方在性爱里的秘密写下来，如"你最喜欢被爱抚的地方"、"你最喜欢我做什么样的打扮"等，猜拳后输的一方要诚实回答对方一个问题。也可用"我是主人"的游戏，双方轮流在性爱时当主人，可以提出想要的方式或动作，另一方要满足主人的需求。

性沟通不仅能使伴侣跨越性爱的阻碍，更能探索和重建更为美好的性爱关系。当然，对的事情要在对的时间用对的方式来做，和男人性沟通要慎选时间和善用技巧。当你们的性爱生活出现严重问题，双方又无法沟通解决时，就需要寻求性咨询专家的专业帮助。

伴侣性爱契约

伴侣在情感和心灵上要契合,在性爱上更要契合,才能获得完美的幸福。然而,伴侣性爱的契合不是自然形成的,需要不断磨合、协调和适应。伴侣关系是爱的契约,但也需要互动规则来维系,而性爱是伴侣生活的重要活动,更要借由性爱契约达到"同心合意"。

生活需要规则,性爱需要契约

当两个相爱的男女终成眷属,步入婚姻或共同生活,进入每天的现实生活中后,就会体会到许多童话故事的结尾诉说的"王子和公主从此过着幸福快乐的日子"是多么梦幻和不实际。许多伴侣可能要磨合很长一段时间、甚至是一辈子,或者正确地说,是彼此折磨和痛苦一辈子,最终有人选择忍受、有人离开。

伴侣是"二人成为一体"而不是成为一人,小到清洁的习惯、大到人生价值观,都存在或多或少的差异,生活上许多事情要双方真诚、开放地做出沟通和协调差异,以形成更多共同感,例如,如何安排生活作息、如何安排周末活动和假期、如何做出家庭重大决定、如何处理两人冲突、如何进行家庭事务分工、如何分担家庭财务、如何做好孩子教养,也许你们会讨论这些事情,但往往会把性爱生活当作是私密、隐讳不能谈的,即使已经出现严重阻碍或长期无性生活。我们要说的是，伴侣生活需要协调，伴侣性欲和性爱生活更需要协调，才不至于随兴而为，但结果是败兴而归。

性爱契约是伴侣性和爱的约定

晓晨和静惠结婚五年，在恋爱交往期间和婚后初期，他们彼此感到新鲜，也有强烈感觉且性趣满满，相处得非常美满，但随着相处更长时间后兴致慢慢消退，尤其是静惠在怀孕生产之后，对于另一半的性邀请总表现出没有兴趣、无奈、嫌恶，常用"我今天很累"、"我头很痛、身体不舒服"或干脆提早上床假睡来逃避，这让晓晨觉得自己每次都像是在乞求或勉强她，感到没自尊又觉得自己有需求，内心不断积累不满和怨恨，酝酿并开始尝试从其他对象那里获得性满足，当静惠觉察这样的问题和意识到自己的做法对另一半的伤害，想要挽回但为时已晚。

提到"性爱契约"有些人可能会立即想到就是伴侣规定多久做爱一次，或者不能和其他异性有性关系，不，伴侣性爱契约是融合性和爱的承诺，是为了让双方都能获得满意性爱而做出协调和达成共识，建立优质的性爱互动规则，也尽力排除性爱的问题和阻碍，是为了坚固伴侣的信任和亲密，而不是消极的制约，或只为了性义务的缘故做出勉强，也不是僵固地规定什么时间做爱、多久做爱一次。

首先，我们需要对伴侣性爱契约的本质和目的做出确认，增进协调的意愿和动力，减除心理的排斥和抗拒，特别是男人，提到要讨论性爱问题往往会感到焦虑不安。这样的契约是帮助伴侣双方能负责任地共同做出努力，获得和谐、满意的伴侣性爱生活，能在时间和方式的安排、在身体和情感的预备、在自我和对方需求和期待上获得平衡，所以是更多的"我们"或"双方"，而不是"你"或"我"单方面的要求。

其次，是要做出具体的约定，做什么或不做什么，而且双方也愿意真诚地按照承诺去做，例如，在性爱时间上的适当安排，以及双方对性爱的参与投入的期待，以积极地使自己和另一半产生渴望，或者在性互动的过程中、事前的亲密爱抚或事后温柔的拥抱，能使彼此的期待获得理解和满足。

性爱需要事先计划和时间安排吗

有些男人会发出这样的疑问和抗拒心理，性爱怎么会是需要计划和预备的呢？不是想要就要吗？其实，事先做出计划和在双方合意之下随兴而为是没有冲突的，而且能有积极正面的目的，是双方能做出准备、产生期待感、有适应和协调、产生美好互动，而不是消极的限制、制约或勉强。

玉棋和许多女人一样有这样的不满和抱怨，她实在无法理解和接受的是男人往往晚上一个人躲在书房做自己的事情，打打游戏、看体育节目、上上网，直到晚上十一二点，或应酬到半夜才回到家，此时又显得性致勃勃，然而，另一半却可能已经睡了，或者在半梦半醒之间。她陷入一种矛盾，到底是要做出拒绝还是要默默忍受，要拒绝又怕伤害对方，要忍受又觉得失去身体的自主和自尊，积累不满和怨恨，到最后有种"我受够了"的感觉。当然，也有时候会是女人的问题，旭峰对于另一半总是忙于照顾孩子或处理家务，到最后累得一点性趣也没有很不满，虽然，这些是合理的理由，但也可能被男人视为一种逃避或借口。

在伴侣关系经营里，我会建议伴侣一周至少有一段时间空出来作为"伴侣之日"，如周末的一个半天，作为属于两个人单独相处的约会时间，一起做些他们感兴趣的活动，比如出去享受浪漫的晚餐、听场音乐会或看场电影。也建议伴侣可以每周或定期安排"伴侣性爱之日"或之夜，使伴侣双方在白天就存着美好想象和期待，同时在身体和情绪上做出准备，如送个小礼物、身体的清洁、适当的装扮，你可以想象一下在恋爱约会时，你们是如何表现出自己美好的一面的。

对女人而言，就需要学会将自己的情绪负担放下，不管是来自于工作、家庭或生活的。另一方面，至少在这天避免加班或做家务到疲累不堪，不让自己的原因阻碍了伴侣的性生活，无论是工作、家庭或其他因素，使自己没有性趣或无法振作。

伴侣如何解决性欲不一致的问题

这几乎是每对伴侣都会遇到的问题，而性欲不一致往往是两个人在一起一段时间后才明显表现出来，会使想要更多性爱的一方感到受伤害、被拒绝和欺骗。性欲变化是有阶段性的，如结婚前或结婚后、怀孕、孩子出生对身体和心理的调整、职业变化、家庭发生变故等，也有变化的时间，如会因工作事业成功或运动锻炼刺激而膨胀，也会因压力、疲劳、疾病、工作、家庭问题或沮丧等而减退，被解职常导致一个男人暂时性无能。

找到你们二人都认为合适的做爱频率，如果你们做爱的频率低于杂志中或性行为研究文章中所提供的数字也不用过度担心，正常的性欲取决于伴侣二人的需求和满意程度，如果你们每月二次或每周七次都会感到快乐，那么二次不少,七次也不多,对你们合适就好。

伴侣对于性爱的频率做出协调和约定,不是要增加进行性活动的压力,而是让双方都能在伴侣关系中获得最大的愉悦和满足。对于性欲较低的一方,能找出自己根本的问题或采取有效的增加性能量的方法,如进行运动锻炼、保持健康的生活习惯、食用助性食物,也给自己进入良好心境的时间,许多伴侣在床上需要一段过渡时间才能变得兴奋,彼此拥抱、亲吻,谈谈一天发生的事情;对于性欲较高的一方,如果另一半真的不感兴趣,有欲望的一方可以自我满足,让另一半躺在身边抚慰,偶尔另一半也可以用手或口使对方得到满足。

性爱出现严重问题该怎么办

在我遇到的性咨询的案例中,往往是伴侣已经很长一段时间过着无性生活,可能已陷入"没有激情"或"没有感觉"的困境,甚至已经出现心理性的低性欲、无法勃起的性功能障碍,但伴侣却一直拖延不去解决,无奈成为习惯,或者直到男方外遇被发现,或女方无法忍受而提出离婚,才勉强寻求专业帮助和解决,但通常已经到了改善困难或无法挽回的地步,而不是在问题初期就觉察和着手解决。

这也是伴侣在性爱契约中要做出约定的,当伴侣性生活出现严重的问题或阻碍时,两人要愿意做出沟通,找出真正原因和共同努力解决,如果仍然无法获得改善,要能积极地寻求医疗或心理咨询的专业帮助,不是不断地逃避或拖延而使问题更加恶化,侵蚀和破坏伴侣关系。一般而言,伴侣在三到六个月因非特殊的原因或事件,如长期出差、面临重大创伤的情感调适期等，却对另一半没有性欲或无法顺利进行性爱，建议能抛开"面子"问题寻求专业的帮助。

注意家庭发展过程的另类第三者

在绮琴当上新妈妈后，孩子开始是和他们夫妻睡在同一个房间，甚至是睡在他们夫妻中间。后来，因为孩子经常半夜哭闹，绮琴就建议老公到隔壁房间睡，这样他能有比较好的休息，但这样一睡，直到孩子长大会走路、上幼儿园、上小学，还是没有改回，绮琴觉得这样也习惯了、无所谓，偶尔老公提出抗议，她总以孩子需要她陪伴为借口，直到老公外遇并提出离婚，她才惊觉这问题的严重。

我想这是国内很独特和普遍的现象，这样的情况即使另一半不出问题，伴侣之间也无性福可言。孩子和父母分开睡的最佳时机是在六个月到三岁期间，这是伴侣要果断做出决定和约定的，不要让孩子阻碍性福，或孩子成为母亲逃避和另一半有性生活的借口。

伴侣性爱需要不断地磨合以至成熟，性爱契约就是二人因为彼此相爱，做出协调和共同努力的承诺和行动计划，这使得伴侣在性爱生活上能做出事先计划和时间安排、在性欲上做出一致和适应、关注问题和做出改善，以及维持家庭健康结构、不让孩子或他人成为性爱的阻碍，创造一生美好的性爱之旅。

探索你的性爱风格

无论女人或男人都有属于自己的性爱风格，表现性爱需求和价值的性爱态度，表现性爱方式和过程的性爱偏好，以及对自己和另一半在性爱互动中扮演的角色和参与程度的期待，这就是一个人独特的性爱风格。就如一个人的性格、生活风格或工作风格，不同的性爱倾向和风格都有它的优点，也有潜在的缺点，没有哪种性爱风格是完美或最好的。

伴侣要协调性爱风格差异

你可以按照自己的性爱风格来表现和获得满足，然而，当你和另一半在性爱风格上存在差异时，如认为应该由谁发起性爱、性爱前要有哪些激发活动、性爱对伴侣关系的意义、从性爱获得哪些主要的满足，当这些差异没有获得理解和协调时，将导致性爱期待的差异，降低性爱的愉悦和兴奋，导致许多不满、抱怨和怨恨，甚至外遇的发生，侵蚀婚姻关系。

伴侣需要探索和了解自己和另一半的性爱风格，对性爱风格的不一致做出有效的因应和协调，并发展出适合两人的性爱风格，使相互感到舒适，并能满足各自和共同在性爱上的需求，增强伴侣性爱的欲望、愉悦和满足感，不断创造出美好的性爱经验。

决定性爱风格的主要元素

性爱风格和性爱的两个主要元素有着紧密的关联,那就是亲密和激情,主导你想要什么样的性爱,影响你喜好以什么方式表现性爱。

亲密是伴侣性爱的情感成分,在性爱里表现和体验内在情感及感受的连结和亲近,倾向亲密的人会期待性爱是充满情爱的,有更多感官和爱抚的满足,以及更多的亲密对话进行情感的交流和美好经验的分享,激发内在爱和归属的亲密感,同时,也愿意共情和满足另一半在情感上的需求。激情则较多指性欲的释放和满足,以及获得性爱的愉悦和兴奋,对两人身体结合有着强烈欲望,高度期待透过性爱的连结和激发,获得性兴奋和高潮。

四种不同的性爱风格

我们按照在性爱关系里对亲密和激情的期待和价值观,将性爱风格分为四种不同类型,依序为亲密型(高亲密、低激情)、激情型(低亲密、高激情)、合作型(高亲密、高激情)、保守型(低亲密、低激情),各类型对于亲密或激情的高低程度是相对的,在重要性和所占比例上有所不同。

首先,我们需要认识的是每种类型都有其优点,也有潜在的危机和不足之处;其次,一个人的性爱风格往往不是绝对的或单一的,然而,每个人都有其主要性爱风格,主导他/她的性爱需求和方式,也会有次要的风格;再其次,性爱风格有时也会随着性爱对象或伴侣关系状态而产生变化。

我们将讨论四种性爱风格的主要特征,包括性爱的态度和想法、经常表现的性爱行为，也将分析它们对伴侣性爱和关系具有的正面优势，以及存在的潜在问题和缺点。

风格一：亲密型

文英和许多女人一样在性爱风格上倾向亲密型，在性爱互动中强调亲密和亲近，她认为美好性爱要能促进和达到两人心理和情感的互动和结合，这要比身体或性欲的兴奋和满足更为重要，认为没有爱和情感的性爱是没有意义的或是伤害自尊的行为。

亲密型期待在伴侣关系中可以安全依附对方，渴望在性爱和生活中有高品质的情感交流，分享他们正面和负面的内心感受，能花时间相处在一起，满足彼此的情感需求，如爱慕、欣赏、安慰、认同、支持等。亲密型的人对性爱有个误区，认为只要两人情感关系越亲密就会有更美好的性爱，其实这只是性爱互动的一个因素。

亲密型在性爱互动中愿意表现彼此的爱与接纳，感受自己需要对方也被对方所需要，不会害怕性爱被评估或被拒绝，能感到满足的亲密和安全。然而，也会因过于亲密或亲近，容易失去新鲜感或神秘感，使性爱变成可预期的，少了冒险或挑战，没有性欲望或缺乏兴奋感，形成"没有激情，只有亲情"。

伴侣性爱遇到问题或阻碍时，亲密型会害怕伤害对方的感受而选择压抑或忽略，从而变成习惯或严重的问题，甚至演变成"无性生活"。亲密型女人对伴侣关系感到失望或疏离时，或遇到伴侣冲突没有获得解决时，会表现出没有性欲和拒绝性爱。当另一半出现外遇时，她会变得非常困难因应和恢复性爱，认为彼此的亲密和承诺已受到破坏，性爱变得没有意义，甚至是肮脏或污辱。她希望自己或另一半花许多时间去制造浪漫和亲密氛围，如许多亲密谈话、较长时间爱抚，这会使另一半变得没有耐心。

风格二：激情型

钧天是典型的激情型，他认为美好的性爱要具有强烈感受并且是戏剧化的，他对性爱有高度的渴望、投入、兴奋和乐趣，喜欢性爱角色的多样化和扮演，他认为双方都能对性爱和感受开放表达和表现，自由分享对性爱的渴望和感受，无论是正面或负面的，使用言语或行为。这是对性爱最为兴奋、激情和欲望的类型。

激情型的人对性爱的表现是主动积极和自发性的，追求高频率的性爱和获得高度的兴奋，伴侣能在性爱里将真实情绪经验表达和释放，也能尝试多样化的性爱姿势、场所、角色或工具获得更多乐趣，使性爱变得活泼和充满活力。激情型的人也会"床头吵，床尾和"，不排除在伴侣冲突之后，以性爱作为发泄或解决冲突的手段，但这是亲密型的人无法想象和接受的。

激情型对伴侣关系表现极不稳定，在追求高频率性爱和高度性兴奋之余，伴侣的亲密和安全感是被忽略的。这类型的人有高度倾向发生外遇，在伴侣性爱中没有获得满足或刺激，或者为追求更为激情和兴奋的性爱，倾向"用下半身来思考"。在伴侣关系失去激情和感觉时，也往往走向分开。

风格三：保守型

保守型对性爱抱持保守态度和趋于传统，强调的是伴侣关系的承诺和稳定，对他/她来说，性爱是倾向可预期和稳定的，也往往成为习惯。梦琪对伴侣性爱只期待彼此能接纳和感到安全就好，极力避免情绪和性爱的冲突，在性爱中的性别角色倾向传统和僵固，认为性和性欲是男人的需求，要由男人发起，而情感和亲密才是女人的需求。她不鼓励自己或另一半表达过度或激烈的情绪、表现性兴奋，以免被视为放荡或好色的，也不鼓励甚至排斥讨论性爱话题。

保守型在性爱互动中只有最低或最少的亲密和激情，在伴侣生活中性爱往往是优先次序最低的或变成一种形式，就是"做"就对了。它的优点在于伴侣性爱是可高度预期的，具有安全和稳定性，性爱的规则和角色定位是清楚的，由谁发起性爱，谁是主动和谁是被动配合的都非常清楚，女人往往扮演被动和配合的一方，迎合对方的偏好。

保守型在性爱里没有足够的互动和投入，性爱里的亲密和激情也是较少的，随着伴侣相处时间久了或年龄的增长，或有了孩子、孩子在幼儿或儿童时期需要母亲更多时间和精力照顾，此时伴侣性爱生活和关系往往会变得非常脆弱。当婚姻出现危机或问题时，缺少动力和资源去解决和克服，觉得好像没有值得珍惜的地方。而当男人是保守型时，女人的性爱需求往往被压抑和不受关注，慢慢变成"深宫怨妇"。

风格四：合作型

合作型强调伴侣两人在性爱关系里要像是一个团队，以"性爱协作"使自己和伴侣共同获得在性爱里的亲密和激情，不仅考虑自己的性爱需求，也要兼顾另一半的性爱需求，允许和鼓励双方表达对性爱的观点和需求。晓琴认为性爱是需要两人共同高度参与和合作的，也需要双方为性爱的欲望、激发和高潮负责任，不仅是一方的责任，从开始到结束的整个过程，用自己知道或对方期待的方式，同时引发性欲、参与投入、唤醒和激发对方。

合作型强调个人在性爱中的角色、责任和任务,能作为性爱团队的一分子参与,不是要求要为对方的高潮负责任,而是能接纳自己和另一半的性爱感觉和偏好,并能负责任地做出改变和努力,尝试不一样方式去享受愉悦和性兴奋。优点是在性爱角色和方式上具有变化和弹性,且注重亲密和激情的获得,能自由分享性爱的需求,以及分享性爱的感受和经验,往往能达到较高的性爱满足。

而缺点则是,当伴侣一方性爱参与较少或性欲较为低落时,常会导致另一方性欲和兴奋也跟着减低,他们已把这样的性爱互动视为理所当然,或认为是自己和另一半要承担和不可逃避的责任,从而对亲密关系的品质感到失望,导致挫败和疏离。

> 伴侣双方需要清楚觉察自己想要的性爱风格,同时也能参与成为满足共同性爱需求的团队一分子,尝试理解和接纳另一半在性爱上的感受和偏好,以发展出属于你们且共同感到舒适的独特方式。你们可以彼此分享各自对性爱的需求、感觉和偏好,并整合到你们共同的性爱风格中。

性爱相容才有美好性爱

性爱相容度决定伴侣性爱生活是否和谐和美好，性爱相容度越高代表双方对性爱的价值、欲望、期望和方式都更为一致。所以，性爱相容是单身男女择偶的必要条件，也是伴侣获得满意性爱要共同努力追求的境界。

男女有其性爱偏好和地雷

每个男女都有性爱偏好，如他／她期待在性爱中获得哪些感觉？喜欢性爱是如何进行？哪些行为最能促发兴奋或高潮？也有其性爱地雷，哪些性爱里态度或行为会使他／她感到不舒服、不喜欢，甚至是嫌恶或无法忍受？

永业希望另一半在性爱也能表现主动挑逗和积极投入，他也努力找到使另一半感到兴奋的体位和方式，当她感到美好时他自己也觉得兴奋；瑞光总是要掌控性爱的每个细节，包括什么时候做以及如何进行，他希望另一半完全配合，也不喜欢她表现主动。

文君喜欢性爱带来的惊喜，她希望性爱是充满创意和变化的、而不是无聊或例行公事般，当另一半在床上撒满玫瑰花瓣，两人尽兴地享受性爱，她会感到愉悦和兴奋；婉兰喜欢每件事情都安排好，她不喜欢被惊吓或变化，性爱前两人必须先把身体冲洗干净、牙齿也要刷干净，而且一定要在床上铺垫毛巾以免弄脏。

永业希望另一半也能采取主动，瑞光却希望另一半只要配合；文君喜欢随性变化，婉兰却习惯安排。在伴侣性爱里，两人可能各有其偏好的性爱体位、期待由谁发动性爱、想要性爱的频率、喜欢性爱用具或口交特殊偏好等。因此，要获得美好性爱，你需要知道你自己在性爱中想要什么，也要知道另一半想要什么。

性爱相容是择偶的必要条件

要获得美好性爱关键不在于你们懂得多少调情技巧和性爱姿势，而是在于你们性爱是否相容，就是伴侣在性态度、性知识、性观念、性幻想、性行为和性经验上是否一致或相似。既然性爱满意与否牵动着伴侣的关系和幸福，那么"性爱相容"应该要作为择偶的必要考虑条件，也是伴侣要共同要努力追求的境界。

当你在选择另一半和计划走入婚姻时，你要考虑的因素不仅是你们在个性、价值观、生活方式、兴趣爱好各方面较为相近或一致，他更要在性爱风格或方式上和你是相容的，这样你们在未来的性爱生活中会更加和谐和美好。虽然，我们很难找到一个性爱完全相容的伴侣，但你要依循80—20原则，至少80%是一致或相似的，再调适剩下的20%的差异，而不是颠倒过来。

如果你已经结婚，当你发现你们性爱不相容和因此发生冲突，你们需要共同做出沟通和协调性爱差异。许多伴侣往往在性爱出现问题时采取忍受、压抑、拖延的方式，导致更多的不满和抱怨。伴侣要达到更多性爱相容需要一段时间的探索和磨合，不断地做出新的尝试和必要的妥协，才能提高你们的性爱相容和品质。

你们的性爱相容程度

性爱相容不单指你们想要性爱的频率或方式,也关系着你们内在心里对性爱的价值看法,不仅涉及性爱当时的体位或互动,也关系到性爱之前和之后的期望和作法。以下是伴侣性爱相容较为重要的 15 个问题,你可以和另一半分别作答后一起讨论和评估。请根据你的真实想法或你们的实际情况作答,分数从 1 到 5 区别你们对每个问题回答的一致程度,5 代表总是一致、4 代表大部分一致、3 代表倾向一致、2 代表有些不一致、1 代表总是不一致。

1. 彼此对对方有性吸引力。
2. 女人可以主动提起性关系的需求。
3. 性爱的亲密和激情对伴侣关系是重要的。
4. 一方因为某些原因拒绝对方的性爱邀请,这是被允许或体谅的。
5. 想要性爱的频率,如多久一次。
6. 想要性爱的时间,如平日或周末、上午或晚上。
7. 想要性爱的方式,安排好的或即兴式的。
8. 对于避孕或预防性病的措施,如是否戴套。
9. 对于性前戏的重视度和作法,如一定要有、有更多爱抚。
10. 喜欢的性爱体位或姿势是一致的。
11. 对在性爱里进行角色扮演或性幻想的做法。
12. 对在性爱里使用性爱用具的做法,如润滑剂或道具。

13. 认为即使有了伴侣，自慰行为也是可以接受的。

14. 认为性爱是要满足双方的需求而不单是一方的。

15. 觉得双方都应期待或要求每次做爱时都有性高潮。

请你将每题的分数加起来，如果你的得分在 60 分或以上代表你们性爱相容度极高并能成为美好情人；45～59 分代表你们性爱相容度尚可，只要对差异部分做出调整就能更为适配；30～44 分代表你们性爱相容度偏低，需要你们共同做出努力以提高相容度；29 分或以下代表你们性爱相容度极低，急需要做出改善，或者寻求性咨询师的专业帮助。

提高伴侣的性爱相容度

很少有伴侣是完全性爱相容的，也很少有伴侣是性爱完全不相容的。为了追求更为满意的性爱生活，伴侣需要先各自觉察自己的问题和责任，自己先做出改变，并抱持开放态度和另一半就差异做出协调。以下四个行动能帮助你和另一半提高你们的性爱相容度。

彼此了解对方性爱底线

你要厘清和维持你自己在伴侣性爱的底线，什么是你觉得必要且坚持的，什么又是你极不舒服和无法忍受的。当你们在性爱中出现不一致或冲突时，女人往往采取压抑和忍受的态度，如另一半在你感到疲累和拒绝他时仍然勉强你有性爱，你太快或过度的退让和妥协，让你觉得自己是在牺牲或忍受，最终导致你对另一半和性爱的厌烦和嫌恶。当你或另一半不断或过度妥协，代表你们在性爱中是不相容的。

如果把伴侣性爱相容比喻成两个部分重叠在一起的圈圈，这两个圈圈分别代表你和另一半对性爱的态度、想法和期望，两个圈圈重叠越多表示性爱相容程度越高。因此，你需要先画出你自己的圈圈，就是在伴侣性爱里你感到安全和接受的范围，并让另一半能够理解和尊重，特别是哪些行为会让你感到恐惧或性趣全失，如另一半有类似性虐待的粗暴行为。

尝试卸下你的性爱地雷

如果你对性爱存在很多的"应该"、"必须"，坚持一定要这样或者不要那样，这样会使性爱变得僵固和无趣，也因为缺乏弹性而导致你和另一半的性爱不相容。所以，你可以先卸下你的性爱地雷并做出新的尝试。你要用更为开放的态度了解对方在性爱中的需求和期望，如果发现和你的想法或期待有所差异，先不要太快排斥或拒绝，除非那已经跨越了你的性爱底线。

尝试在你们的性爱中做出突破和冒险，你会发现结果并没有你想象的那样可怕或不舒服，甚至会带给你新的性爱经验和感受，如尝试以不同体位、在不同场所进行性爱，或试试角色扮演或性幻想。如果你们彼此是在乎对方的，那就忘掉你原本的习惯或经验，先尝试一次。如瑞光能尝试接受另一半表现主动或以她想要的性爱方式进行，而婉兰能尝试接受另一半提出的即兴式和较狂野的性爱。

为爱的缘故先改变自己

当你们性爱出现不一致或不满意时，你和另一半都应该因为彼此相爱的缘故愿意先改变自己。你不要急着抱怨或指责对方，这只会使对方反过来攻击你并使问题更为恶化；你也不要想着先改变对方，而是先看到自己的问题和责任，因为你能够掌握和改变的是你自己而不是另一半，当你愿意先做出改变和努力，这会影响对方也同样做出努力。

例如，你发现你们的性欲望出现明显不一致，当另一半想要性爱时，你却常觉得自己没有性趣，有时你会勉强配合，有时你会不耐烦地拒绝对方，对于性欲望明显较为低落的情况，你不应该顺其自然，或叫另一半自行解决，你可以先尝试找到问题的原因和改善方法，如增加运动锻炼、调整生活作息、减除你的压力、食用助性食物等。

要记得你们只是不一样

在性爱不相容的问题上面，你和另一半要能认识到性爱风格没有对错或好坏之分，只是你们不一样而已，而且你们对这些不一样性爱想法和行为完全是你们可以做出选择和改变的，所以，你不用太快感到沮丧、失望或想要放弃，也不要急着为自己找借口说"我就是习惯这样"，或者"我没有办法接受这种方式"。

要扭转伴侣性爱不相容，首先，你们要能尝试去理解和感受对方的情感及需求，只有你愿意了解另一半更甚于了解自己，这样你才能透过另一半的眼光来看性爱，不单以你自己的标准做出判断。如习惯掌控性爱的男人要能自觉女人可能因为他的掌控感到限制和威胁，总是在性爱中缺乏主动的女人要能自觉男人可能因为她的被动而感到无趣。

在结婚之前要确认你和另一半的性爱相容度是高的，在结婚之后也能不断地探索和磨合提高性爱相容度。适当的妥协是需要的，但要维持你的性爱底线；各有性爱偏好是允许的，但先尝试卸下你的性爱地雷；对对方有所期待是好的，但先为爱的缘故改变自己；了解你们只是不一样的，更要以对方眼光来看性爱，这样才能使你们成为性爱相容的完美情人。

解决的性问题

WHAT TO SOLVE

如何预防伴侣性疲劳

告别性冷淡

伪装性高潮破坏信任和亲密

老公为何对我没有性趣

解开无性伴侣之谜

网络性爱侵蚀伴侣关系

如何预防伴侣性疲劳

"你累了吗?"你和另一半的性爱生活是否已经出现疲劳现象?你是否总是对性爱提不起劲、想要逃避或回避、很少感到愉悦或兴奋?你们需要关注的是性疲劳常会演变成对另一半失去性欲、甚至感到性嫌恶。所以,性疲劳可说是伴侣性爱生活的杀手,甚至是伴侣关系的隐患。

玲琳和海阳共同生活已有五年多,第一年两人的性爱生活非常频繁和满意,随着相处时间久了,做爱的次数越来越少,那种激情和兴奋也更低,更不用说有什么性高潮。在最近一年,两人几乎久久才有一次,还都是海阳百般要求下,玲琳才勉强配合,平常她总尽量找身体疲累或不舒服等理由来回避。渐渐地,海阳的性要求也越来越少,玲琳心里开始猜疑是不是海阳有外遇或者不爱她了,但她又发现他们两人在平常生活里还是经常有愉快交流和互动的。

其实,玲琳和海阳存在典型的伴侣性疲劳的问题,且大都为心理性的原因。你可以透过以下测验,帮助你知道你和另一半是否已出现伴侣性疲劳的问题。对于每个问题按照你实际的感受、态度或行为来回答,填写分数0到5,分数的意义分别为:5—总是、4—经常、3—有时、2—偶尔、1—很少、0—从不。

1. 你(他)会找些借口来逃避性生活。
2. 你(他)会回避和对方有亲近的身体接触。

3. 你（他）在性爱中表现被动消极的配合。

4. 你（他）在性爱里没有获得愉悦或兴奋。

5. 你（他）无法顺利完成性活动，如无法勃起或早泄。

6. 你（他）一想到做爱会感到烦躁或不安。

7. 你（他）觉得对方的身体没有太大性吸引力。

8. 你（他）对对方性欲望低落或没性欲。

9. 你（他）觉得和对方做爱是忍受而不是享受。

10. 你（他）即使长时间没有性爱也感到自在。

当你作答完，请把每题得分加起来计算总分。如你的总分在40分或以上为重度疲劳，30～39分为中度疲劳，20～29分为轻度疲劳。

让伴侣性爱重新得力的秘诀

当伴侣性爱已经陷入疲劳或倦怠的状态，要打破僵局和改善问题就需要"更新而变化"，对性爱生活采取和以往不一样的态度和行动，并用创意的方法来点燃内在性能量，才会使你们重新找到活泼和满意的性爱生活。

改变一：换个不一样的性爱前戏

我们会以为性爱前戏就是要有很多的身体爱抚，海阳就觉得这些爱抚像是在摩擦生热或钻木取火一样，一直想着现在是在预备做爱，这样过度目的性的爱抚反而增加他的焦虑感，不但无法享受感官的愉悦，更可能引发性疲劳。其实，"心理爱抚"有时是更好的性爱前戏，能有效引发内在的亲密感，重新获得性能量。

首先，玲琳和海阳可以轻松地躺在床上进行亲密的谈话或交流，例如，回忆过去属于你们的美好时光，第一次约会情景、一起旅游的经验、你们第一次性爱经验，或者是对未来美好的梦想或理想；其次，海阳能主动地帮忙家庭事务，好让玲琳有时间休息并恢复体力和心情，男性这样温柔的体贴行动，也是种性爱的前戏；再其次，没有前戏的狂野式性爱也能带来不同的乐趣，玲琳可以抛开没有前戏只是满足生理欲望的误区，让自己有种为做爱而做爱的自由，激烈的拥抱和深吻、粗野地褪去衣服，狂野的过程能带来不一样的激情。

改变二：暂时分房制造性爱期待感

玲琳和海阳的性疲劳可能来自于他们太过规律的家庭生活和一成不变的性爱生活。试想，如果你每次看的都是同样情节和原班人马演出，也会感到心理疲累。每次都和同样的人做爱、在同样的房间或床上、用同样的过程和姿势、甚至花费同样的时间，简直像是在上班或做作业一样，缺少惊喜和兴奋感。

如果玲琳和海阳相处的时间是无法预期或混乱的，如海阳经常出差或晚归，那么他们的性爱生活可以更有计划安排，根据两人性需求程度协调一个时间，如每周或每月的某一天，这样会使两人有种期待和做好身心准备。另外，如果性疲劳是因为玲琳和海阳平常生活过度规律和紧密，他们则可以采取一段时间的分房睡，可以是一周到一个月，甚至是一定期间的无性生活，这会有助于重新唤起对另一半性的新鲜感和渴望感，但这要双方抱持正面态度并期待做出协调和决定。

改变三：尝试做出外表和角色的改变

像玲琳和海阳相处太久又缺少变化，很容易产生视觉疲劳或视觉痛苦，并容易转变成严重的性疲劳，没有性欲和性趣可言，不仅是男性对女性会如此，女性对男性也是一样。解决这个问题，玲琳可试着从外在和内在做出改变，如尝试在外表上做出大胆改变，或者在床上扮演不同角色。

首先，玲琳若在外表上做些小改变可以立即产生惊奇的效果，如性感的内衣或睡衣、改变你的发型、使用不同味道的香水，当然，海阳同样也要注意到自己的仪表和清洁习惯，如刮胡须、做爱前沐浴等。其次，玲琳一直以来都在扮演所谓的"贤妻良母"，甚至是"黄脸婆"，较不注重打扮或表现温柔，她需要在伴侣关系和床上做个"情人"或"爱人"，展现自己的性感魅力，仿佛在告诉对方"我是值得被欣赏和被爱的"。

改变四：使性爱变得更为多样和丰富

如果玲琳和海阳能勇于对伴侣性爱生活做出尝试，会使他们更能发掘和享受性爱的美好和丰富，这些尝试可以包括空间、姿势、主动权等，你也可以先想想，有些什么是你或你们在性爱生活中想去做的，但一直没有去尝试的，开始你们的探索之旅吧。

首先，可以拓展做爱的空间，选择在不同的地方会获得不一样的乐趣，如客厅沙发、厨房，也可以改变卧室的布置，挂些浪漫的画、重新油漆墙壁颜色、换个更适合的床垫，不一样场景会产生不一样氛围；其次，尝试不同的做爱方式，不要老是数年甚至数十年都用同一招式，能够开始尝试一些新的姿势和技巧，一起观看 X 级影碟体验和想象演员的表演，不同姿势会刺激身体的不同部位、带来不同的性兴奋；再其次，改变性爱的主动权,例如以往都是海阳主动和主导,所以也可以尝试有几次是由玲琳扮演主动和主导的角色,由她主动提出性需求,在性爱过程里使用她想要的姿势和方式,这样会激发不一样的性感受。当然,对于这些性爱姿势、做法和技巧的改变,在事后可以分享你们的感受,这样才能使你们彼此有更多了解,能使自己的需要和性欲得到满足。

改变五:把每一次都当作是第一次

如果玲琳或海阳心想这是他们第几十次、甚至是第几百次的做爱,内在新鲜感就会自然减退或耗尽。当伴侣已经对自己和另一半的性爱产生明显疲乏,可以运用性想象的力量来激发,性想象可说是性欲望的滋养物,想象的性行为可以像真的触动一样,对身体和心理都起作用。

玲琳和海阳可以想象并把每一次做爱都当作是他们第一次做爱,这样的心理暗示会产生紧张感并带动激素分泌和产生兴奋感,之前提到的一段时间的无性生活也会有这样的感觉;其次,是适当地使用性幻想,当他们在一起时,玲琳或海阳可以幻想他们是和另一个人在做爱,可能是他或她欣赏的偶像明星,这样的做法能启动伴侣性爱正面循环,当一方表现高度投入和兴奋,能激发双方的性能量,当然,如果你对这样的做法有疑虑或不安感,需要先做出认知的调整,认识到这么做只是帮助你或你们释放激情的手段,而不是也不会真的和那位偶像明星做爱。

改变六:增强非性行为的身体接触

玲琳和海阳除了在久久一次的做爱时间外,两人平常几乎没有身体亲密接触,觉得都是"老夫老妻"不需要那种亲密举动,慢慢地就失去对另一半身体的渴望，如此下去，自然变成性疲劳。

他们可以在每天生活中邀请另一半进行非性行为的身体亲密接触，如拥抱、亲吻、爱抚，开始是三分钟，再逐渐增加时间，这样深度的身体亲密能重新激发热情和建立身心连结。他们也可以透过重新探索双方的身体，了解彼此的性敏感地带，当他们探索性爱时，就重新造就了一个新的伴侣关系，更多地了解了另一半，紧密了他们之间的联系，并更精练了他们的性知识。

改变七：安排一趟性爱之旅

如果玲琳和海阳的性爱生活已经到严重疲劳的程度，那他们需要做出重大的尝试和改变，以作为他们性爱历程的转折点。

他们可以安排一段较长的时间，如一周或更长，开始他们的浪漫之旅或性爱之旅，可以选择一个他们共同喜欢的浪漫地方，不要安排太多参观或活动，让双方有更多相处的时间，尽量是轻松和悠闲的，如到海边或森林散散步、晚上一起欣赏满天星空、悠闲地享用下午茶，并在白天或晚上尽情地在房间里享受自由释放的性爱。特别是当他们在家里通常表现出拘谨时，转换个环境，能使自己的内在性爱更为开放和提升。

伴侣性疲劳是许多夫妻或情侣间普遍存在的慢性且致命的疾病。然而，形成这样的性疲劳可不是一天、两天的事情，而是经过一段时日的不良积累。伴侣需要重视这个问题，每隔一段时间就一起评估你们的性爱是否已经出现疲劳，以及疲劳的程度，并积极采取应对行动，恢复伴侣性爱能量。

告别性冷淡

国外一项男女性欲状况的调查研究，指出男性出现性欲低落或缺乏的比率为5%，女性则高达22%，且女性出现此症状平均要比男性早11年。国内也有类似的调查研究，更指出女性出现"性冷淡"的比率高达30~40%，换言之，三位中就有一位存在"性能量不足"问题，持续对性幻想或性活动欲望不足或缺乏，甚至对于与伴侣的性行为或性器官接触一再地感到极度厌恶并百般逃避。保持激情和性生活和谐是维系伴侣亲密关系的关键力量。然而，随着双方相处越久、结婚、怀孕、生子、忙于家庭事务，女性的性能量明显呈现"直走下坡"，导致性生活不和谐和关系危机。

女性性能量的十大杀手

女性性能量的影响因素要比男性复杂个一百倍，主要来自于四个方面：生理能量、心理能量、关系能量、环境能量，正面因素将促进女性性能量，如充沛体力、愉悦心情、对另一半的欣赏爱慕、浪漫的环境氛围；负面因素也将阻碍性能量，如缺乏运动、沮丧抑郁、伴侣冲突、杂乱空间。

我们要先看看造成女性性能量低落的十大杀手排行榜，这也是导致女性低性欲或性嫌恶问题的罪魁祸首。

1. 低落情绪：你经常处在悲伤、焦虑、抑郁和绝望的情绪状态。

2. 伴侣关系冲突：你和另一半的关系冲突或疏离，觉得情感需求没有获得满足。

3. 另一半无性吸引力：你觉得另一半缺乏性吸引力或另一半有性功能障碍。

4. 对另一半有负面观感：你认为另一半不是你所欣赏和爱慕的对象，甚至轻视或排斥对方。

5. 低自尊：你对自己的外貌或体形缺乏自信，觉得自己没有性吸引力。

6. 身体疲累：你经常感到没有体力或疲累不堪，可能是过度忙碌或身体病痛。

7. 不愉快性经验：你以往的性经验较多是不愉快、痛苦的。

8. 不适合环境：你觉得受到居住环境的干扰，如和公婆同住，或和小孩同睡一房。

9. 缺乏运动或兴趣活动：你的生活过度静态，缺乏身体活动或愉快活动。

10. 负向性态度：你对性的态度是负面消极的，如认为性行为是肮脏的或只为生孩子。

增强内在性能量的七大秘诀

谈到增强性能量之前，你需要先做好维持性能量的基本工作，例如，保持健康的生活习惯，如充足睡眠、均衡营养，使你的体力充沛；每天或每周定期的有氧运动，特别是一些能锻炼大腿和骨盆肌肉的运动能直接提升性能量，如游泳、骑自行车、打羽毛球、慢跑或散步；食用适当助性食物有助于增加性欲望，如巧克力、蜂蜜、海鲜、低脂食物。

女性性能量通常是由内而外（Inside-Out），唯有她感受被爱拥有美好想象，才会促进内在的欲望和需求，相对来说大部分男性则是由外而内（Outside-In），是从外在感官刺激再到内在欲望激发。所以，我们要从七大秘诀入手讨论如何增强女性内在性能量，使其能在伴侣性生活中释放出来。

秘诀一：情绪能量

"有好的心情才会有好的性能量"，对女性而言，情绪状态明显影响性能量。女性认为性是整体性的，是身体和情感的结合，当你拥有愉悦心情和美好感觉，才能提高性能量并释放出来。相对的，当你长期处在负面情绪状态，如抑郁、悲伤、沮丧，或者激烈的情绪，如盛怒、绝望，将明显降低你的性能量。

每个人面对外界事件或情境刺激都会有正面或负面的情绪反应，你需要在每天生活中调适情绪，例如，从事运动锻炼、兴趣活动、交流谈话来缓和情绪，以及对你面对的事情能以正面态度和观点来解读，以改变想法来改变情绪。如果你已有一段时间出现情绪低落，或有明显抑郁症状，你可以寻求心理咨询的帮助。

秘诀二：自信能量

性自信表现为你对自己性活动的力量感和价值感，当你认同性活动是使双方获得愉悦和满足，而不单是满足对方性欲而已，或者你能欣赏自己的体形和外表,而不是感到自卑或厌恶,这样才能在异性或另一半面前建立自信,有助于性能量提升。

当你觉得自己过胖或过瘦,或觉得外表身材不够性感,可能会使你认为自己没有性吸引力,变得没有自信。你可以做出相应的改变,例如,调整饮食和适当运动来改变体形并获得健康,改变你的服饰仪容、谈吐方式、肢体动作和个人特质使自己变得更有性感力。

秘诀三:幻想能量

美好的性幻想和性想象能提高性能量。你可以阅读或观赏一些关于爱情的、浪漫的、能引发性兴奋的书籍、影片、杂志或艺术作品,这些材料能帮助你形成内在性幻想,在性行为当中释放出来。透过对你具有性吸引力的人进行性幻想,也能增加你的性欲,如明星,当然如果你已有伴侣,要避免性幻想的对象是你生活中接触的其他人。

进行你和另一半过去或未来美好性活动的想象,如过去感到兴奋或浪漫的性经验,或想象期待和另一半进行美好性活动的过程,也能增加内心愉悦感和性能量。

秘诀四:激情能量

"男性激情来自视觉,女性来自触觉",这是以感官刺激来说,当女性在平常身体接触或性行为前被另一半温柔和热情地爱抚,能激发身体和情感的激情。然而,每个女性的性敏感带和反应程度有所差异,你可以透过自我探索或伴侣互相探索,确认自己身体的敏感地带。

女性的身体敏感地带可能在头皮、耳朵、唇齿、颈项、乳房、小腹、背脊、臀部、三角地带、会阴、阴蒂和一些特殊触点。你可以在镜子前裸露你的身体，先接纳和欣赏你的身体，逐一在每个可能的敏感地带进行轻柔按摩，并感应和纪录你的自在、愉悦和兴奋程度，这样的刺激能增加你的性能量，也能运用在伴侣性生活过程中。

秘诀五：情感能量

男女在性态度、刺激、需求和反应上是明显不同的。国外有一项行动实验，先由一位性感女郎在路上邀请一些男性和她有性行为，被邀请的男性超过一半是同意的；接下来，是一位长相俊俏的型男邀请一些女性和他有性行为，绝大部分的女性是拒绝的，甚至感到被羞辱的。

女性较多认为性是建立在关系上，是以情感为主（先爱而性），为满足爱和亲密的情感需求；男性较多是以身体为主（先性而爱），为满足生理需求。所以，女性需要获得亲密情感才能根本提升性能量。你们可以探索彼此的情感需求和获得满足的具体行动，如你期待被关心，当另一半能倾听你的谈话和理解你的感受，你感到自己是被关心的。若你们存在冲突，也能做出冷静理性的讨论和解决，减少关系里的焦虑不安感。

秘诀六：爱慕能量

女性通常对她所欣赏爱慕或崇拜的对象，心里会有美好的想象和期待，并希望和对方有更多身体接触和情感交流。如果对方是她所不欣赏爱慕的，甚至是轻视、厌恶的，自然会表现出回避和排斥。伴侣往往会随着相处越久、了解越多，容易关注和扩大对方的缺点和不足，忽略对方的优点和正面表现，彼此不满会更多，产生对另一半的负面观感。

你可以从关注和认同另一半值得你欣赏的特质、能力、成就、外表特征或生活习惯开始，接下来，你可以进行以下的练习增加你对另一半的爱慕，回忆并写下，你和另一半一起度过最为愉快的时期或活动、另一半带给你人生最大的支持、另一半做过让你感到最为浪漫的事情、另一半做过让你感到最为感动的事情、你和另一半未来共同的理想、你和另一半曾经一起计划和完成的重大事情。

秘诀七：环境能量

一个让人感到舒适和浪漫的环境能激发女性内在的激情，如果是在杂乱、不通风或有干扰的环境，不仅会引起情绪不佳，也会使性欲降低。特别是和长辈同住，或和孩子同睡一房，会形成无形的心理压力，容易引起性能量减退。

制造浪漫的环境和氛围，有助于性能量的积累和释放，你可以和另一半一起布置你们的卧室，选择播放轻柔音乐或情歌，也可使用喜欢的香精，饮用少许的红酒也会带来微熏和兴奋的感觉，定期到浪漫的地方旅行和单独相处也能增进情趣。

女性性能量常取决于内在的想法和想象，当你创造和掌握正面的想法就能提升自己的性能量，你可以尝试从情绪、自信、幻想、激情、情感、爱慕、环境七个层面的实际行动中，逐步提升你的性能量。同时，在这个过程中，也能积极地带动另一半的性能量。

伪装性高潮破坏信任和亲密

伪装性高潮已成为两性心理热烈讨论的主题，它不只是简单的真假问题，更暴露伴侣性爱问题和纠结，以及伴侣关系里权力控制和沟通协调的模式，也牵涉到女人自信和自尊的议题，如性爱自主、自我认同。

美国一家知名女性杂志一项对女人性爱生活的调查结果显示，有69%的女人承认她们曾经在性爱过程里因为各种不同原因伪装性高潮，就是在性爱里没有获得高潮却假装自己已经进入高潮状态，如主动收缩耻骨尾骨肌、模仿性高潮时的呻吟，以及面部潮红、喘息等兴奋表现。

伪装性高潮无害论的误区

许多女人认为伪装性高潮并没有什么不好或错误，甚至她觉得自己这么做是出于善意，让自己或男人都好过些或感觉好一点，但毕竟伪装性高潮对女人来说是坏消息，对男人最终来说也是这样。

严格来说，它是对另一半某种形式的欺骗，也许暂时能让他感到愉悦或自我感觉良好，但事实总有暴露的时候，那时将严重破坏伴侣的信任和情感。同时，女人这样做会让她无法去认同和掌握自己真实的性爱需求，也剥夺自己获得更深层性爱愉悦的机会，这样的假象会阻碍男人尝试其他方法来取悦你，因为在他看来你们的性爱关系很美好。

有句话说:"一个谎言需要许多谎言去维护。"伪装性高潮也面临同样的尴尬,假装行为一经开始会变得很难停止,也会使伴侣性爱关系陷入大麻烦当中。男人会疑惑为何你这次或这几次没有之前兴奋的表现,你是否对他的表现有不满意的地方,或者苦苦挣扎和努力直到你表现出兴奋和高潮;而女人也会让自己落入陷阱里,对两人性爱关系感到不满意和焦虑却又无法说出口,逐渐转化成对另一半内心的不满和愤怒,即使你勉强说出来,男人也会愤怒回应:"我不知道你有什么不满,我看你都很享受和兴奋。"

女人为何要伪装性高潮

明明没有那种感觉为何要假装有呢?女人伪装性高潮不是简单的真实或假装的问题,更不是用对和错可以概括的,就如男人对女人说谎一样,这是复杂且纠结的心理现象,我们需要做出深层次的心理分析,这样有助于做出自我澄清,找出真实原因并做出因应和改变。

心理一:承受"应该要有"的压力

就如时下许多信息不断告诉和暗示女人的,要怎样穿着、怎样妆扮、身材要如何,才会有时尚感或有女人魅力。莉莉也承受着时下对性爱的某些似是而非的观点,她认为女人应该要在每次或大多数性爱里获得并表现性高潮,这样的自己才是真正的女人,或者才有性感女人的魅力,也才不会让男人觉得她不够女人,或者猜疑她是不是"性冷淡"。

许多女人发现自己内心默默承受这种"应该要有"的压力,当自己迟迟没有经验或表现出性高潮，就会担忧自己是不是有性爱问题，也害怕男人认为她有问题。确实不少男人也有类似的性爱焦虑，觉得自己要能在性爱里满足对方，使对方感到兴奋和进入高潮，不然，觉得自己表现不够好、不够男人，这是失败或不够美好的性爱。

伪装性高潮好像能暂时逃避这样的压力，让自己和男人都觉得好过一些，然而，这样有压力的"表演"不仅没有解决伴侣性爱真实的问题，焦虑不安的情绪还会阻碍自己在性爱里自在地投入并获得愉悦和兴奋，导致性爱问题变得更糟糕。其实，在性爱或每次性爱里获得高潮是"可以有"而不是"应该有"。

心理二：想让性爱尽快结束

伪装性高潮是女人想要尽快结束性爱的巧妙作法，乍听起来有些矛盾但一点也不。秀梅不忍拒绝另一半的性爱邀请，也不希望因为他性欲望没有获得满足成为他外遇的借口，但她身体已经到达疲累得不想动的状态，想到明天还有一大堆工作要忙碌，看到另一半又一副生龙活虎的样子，完全没有快要结束的迹象，此时，她只好使出"伪装性高潮"，他在情绪受到激发之后满意地结束，她终于可以喘口气、放心睡觉了。

有人会体会和同情秀梅的遭遇，但也有人会认为她应该直率地拒绝对方就好。女人会用伪装性高潮来结束性爱，一是像秀梅这样，由于她在性爱里感到不舒服，可能是没有足够的性前戏或爱抚，或者身体非常疲累，不想继续忍受又不忍叫停；另一种情况是为了过度投入且期待对方有性高潮的男人，当女人看到他那么挣扎和努力，但自己却迟迟无法达到那种兴奋状态，只好展现自己的体贴和宽宏大量，让他觉得自己已经达到目标而愿意结束。

虽然，听起来这貌似是双方都获利的做法，但其实不然，当你觉得自己在伴侣性爱中常是忍受而不享受，又要借着假装来结束痛苦，自然而然会开始对伴侣想方设法逃避，如装睡、感到头痛等，积累成对性爱感到嫌恶，和对另一半感到愤怒。因此，你们需要共同找出导致问题的真正原因，如你没有足够的休息、缺乏运动导致体力不足、对性爱的排斥或嫌恶、性爱时间耗时太久，并做出改善。

心理三：避免伤害男人自尊

女人会这样辛苦演出实在是害怕伤害到男人的自尊，担心他会因此失去对性爱的欲望和信心。许多男人可能和淳明一样，觉得如果男人没有在性爱里让女人获得满足和高潮，就表示自己在性方面是不行的，是不够男人和不够勇猛，他也听到和担心女人没有获得性满足可能会渴望从其他男人处获得，另一半南茜为了维护他的"男人尊严"，让他的自我感觉好一点，虽然没有感到那种愉悦和兴奋，也只好出于善意表演一下来安慰他。

对女人来说，看似好意维护男人的自尊，但却深深伤害了自己的自尊，对伴侣性爱感到不满足但又无法说出来，感到沮丧和无力；加上自己要经常假装来顾全男人的面子，会萌生无价值感。女人用伪装性高潮来取悦另一半或让他有自尊，这是危险的行为，这种欺瞒终有暴露或被揭穿的时候，或者其实男人已经知道你的假装，这对他而言是更大的羞辱。

女人是否会有这样的恐惧端视她的自信程度，以及在伴侣关系里的权力地位，一个有自信的女人会选择"处理它"，在适当的时候（不是在性爱时或之后)、用适当的方式(不是表现不满或轻视),真诚地告诉男人你真实的感受,以及期待他能够怎么做。

心理四:害怕失去对方或害怕男人外遇

有些女人担心如果伴侣的激情不在,男人可能会移情别恋或发生外遇,所以,她会想用伪装性高潮来安慰自己或说服对方,他们仍然保有激情。新燕和正奇已经谈恋爱三年,起初那种性爱带来的新鲜和刺激已慢慢消退,正奇几次抱怨她在性爱里似乎没有以前那么兴奋,怀疑他们是否已经没有激情,新燕不想失去对方,只好在接下来的性爱里伪装性高潮。

男人对性爱的关注要远远超过女人,不少男人在恋爱交往阶段很在乎伴侣之间是否有激情、性爱关系是否美好。当伴侣性爱出现问题,男人想到的往往不是去解决问题,而是去寻找其他对象获得更为激情的性爱,这导致女人有危机感,害怕男人将自己的性爱表现和其他人做比较,或认为别的女人可以毫无问题达到高潮,所以,自己不得不也要这样表现来留住男人或保住婚姻。

伪装性高潮带来的危害

无论女人伪装性高潮的动机为何,最终的结果对自己和另一半的心理、伴侣关系和性爱生活都可能带来危害。而且伪装性高潮一旦开始,往往会变得不得不继续假装下去,当你假装的时间越长、假装得越高明,你就会越难告诉他真实的情况。或者和他讨论你们的性爱问题,因为你说出实情,他往往会恼羞成怒,大叫"你为何不早告诉我"、"你到底假装多久了"、

"你还欺骗我或隐瞒我什么"，把两人还有的信任和亲密破坏殆尽。

危害一：它伤害女人的情感和自尊

总结伪装性高潮对女人自己的影响，首先，不断积累负面的感受，她会因为觉得自己是在欺骗对方而感到愧疚，但同时又会对男人无法满足她而对他愤怒或轻视；其次，她对性爱不满足感到挫败和怨恨，但又无法向另一半说出她的困扰和期待，对伴侣生活感到无力和无望。

再其次，伤害到她的自尊和价值，觉得自己是在取悦对方或满足男人的性欲；最后，她无法获得真实的性爱愉悦，有时假装久了，忘了真实的性爱愉悦是怎样的感觉，只好继续忍受，或到无法忍受时爆发出来，甚至对性爱产生嫌恶。

危害二：它破坏男人的性爱自信

当男人获知女人在性爱里伪装性高潮，对他来说是莫大的羞辱，要比你对他说"和他在一起过得不幸福"更让他震惊，变得对你愤怒，甚至有报复心理。

其次，他会逃避或放弃性爱生活，因为内心阴影而不知道你真实感觉如何，变得无法信任你；再其次，他可能因此失去性爱自信，原先的骄傲或信心丧失，就好像女人对他说"其实我一点都不爱你"、"和你在一起我一点都不快乐"一样。

伪装性高潮对伴侣性爱关系确实不是一个好的策略,面对伴侣性爱问题,女人要选择处理而不是假装,真诚开放地和男人进行性沟通,一起学习和掌握促进兴奋或获得高潮的性爱技巧。

老公为何对我没有性趣

可欣和老公相识两年后结婚，在恋爱和婚后初期，两人性生活和谐，频率每周至少两次，大部分都是老公主动提出，性爱过程也表现积极、充满激情，但在最近半年两人做爱次数屈指可数，老公变得很少主动要求，即使在她提出时，他也只是勉强配合、草草了事，甚至有时会用"明天要开会"、"身体很累"等理由拒绝。可欣认为可能是自己对老公失去了吸引力，晚上穿上性感内衣、擦上香水，但也提不起他的性趣，她开始怀疑是不是老公有了第三者，后来证实也没有。她逼老公去检查身体，医生也说他的身体没有性功能的问题，这样的结果让她感到不解和纳闷。

可欣确实在伴侣性爱问题上做出了许多的尝试和努力，但让她感到沮丧的是没有获得她期待的结果。其实，此时的她需要更完整地检视各种影响男人性欲的主要因素，对于属于老公个人的问题，她能提供鼓励和支持，对于两人共同的问题，也能一起做出改变和努力。接下来，我们将详细讨论容易让男人失去性趣的因素，并给予有效改善的建议。

减除负面情绪和过度压力

男人在情绪不佳或承受过度压力时，性欲会容易减退，特别是他在极度悲伤、恐惧或消沉的状态下，性欲更会受到明显影响、甚至完全丧失。

恩俊自从两个月前从小扶养他、和他感情很亲密的奶奶过世后，就一直陷在沮丧、悲伤的情绪，对性爱完全没有欲望，也变得容易焦躁、没有耐心。所以要观察你的男人近期是否经历了一些重大事件或创伤经验，如亲友丧亡、被裁员、投资损失、工作重大失误等，因而出现沮丧、抑郁、悲伤或绝望的消极情绪，或经常担心或焦虑某些事情或情况而感到不安，或者来自于生活、工作或关系问题而感到沉重压力。

如果你的男人是这样的情况，他需要一段时间来接受事实、调适情绪，走出生活危机或创伤事件，你可以积极给予他需要的情感支持，耐心倾听和共情他的感受、尊重他需要更多独处时间来整理思绪，也可以和他一起讨论、共同面对和解决他的压力，尝试邀请和陪伴他进行一些让他感到愉快的兴趣活动，使心情变得轻松和愉悦。如果他自己无法有效调适情绪或减除压力，鼓励他能寻求专业心理咨询的帮助，避免变成严重的心理问题。

改变长期的不良生活习惯

男人保持健康的生活习惯，才能维持正常性欲望和性能力。景琪的老公最近半年以来经常加班到晚上八九点，回到家、吃过东西后，又要花几个小时上网、打游戏来放松自己，往往要熬到深夜一二点才会想上床睡觉，那时候，他整个人已经疲累到不能动，更别说会想要做爱。其实，现在这样的男人还真不少，也让女人搞不懂他为何会这样。你可以观察和评估你的男人是否有些不良的生活习惯影响他的性欲望和性能力，如过长时间工作或加班、长时间上网或打游戏、失眠或睡眠不足、缺乏运动锻炼。

首先，你可以和他一起讨论和调整生活作息，在生活和工作上保持平衡，减除不必要的加班、应酬，保证自己有充足和优质的睡眠，使得在你们计划好的性爱时间里双方都保持足够的体力和良好的心情。其次，可以鼓励他或和他一起从事运动锻炼，每天或每周定期地从事有氧运动，可以释放一种令人心情振奋的内啡肽物质，使人感到愉悦并对增加性欲有所帮助。

调整饮食习惯和食物营养

男人吃喝什么会密切影响他的性功能？珏虹明显感受到最近老公在做爱时常会有力不从心的情况，有几次在她百般挑逗之下，他也无法顺利勃起或强度不足无法进行性爱，她怀疑老公是不是在外面乱搞或不爱她了，经过性咨询后，他们才发觉老公是因为最近这几个月应酬增多和大量饮酒，而大量饮酒引起他血管扩张，阴茎部位的血流和快感明显缺乏，导致他性欲下降、阳痿和射精障碍，在戒除饮酒后，他的性功能逐渐恢复至正常水平，也使珏虹放下心来。

当你的男人性欲明显缺乏时，观察他是否使用了一些败性物质，长期或大量饮酒是性爱最大杀手之一，其次是吸烟，长期大量吸烟容易引起男人阳痿，你可以鼓励他减少或暂停饮酒和吸烟，不仅有助恢复性爱，也对他身体健康有很大帮助；再其次是药物，长期或大量服用某些药物会导致性功能减退，常见的有某些抗高血压、治疗心律失常、治疗躁狂、抗抑郁等药物，你可以陪同他和医生讨论这些药物的副作用，改用副作用较少的药物。然而，更重要的是保证他有足够和平衡的营养，鼓励他多吃含优质蛋白和锌的食物，或补充综合维生素，有助于恢复性功能水平，也可以给他"补"些助性食物，如巧克力、蜂蜜、大葱、海鲜等，有助于他增加性欲望。

化解伴侣间的矛盾冲突

伴侣冲突常会导致一方或双方对另一半缺乏性欲望，或无法勃起、早泄、无法达到高潮等心理因素的性功能障碍。乐怡婚后和老公家人相处不融洽，甚至和他的母亲有几次严重的争吵，老公抱怨她不够尊重和关心他的家人，她也指责老公没有体谅她、和她站在同一阵线，两人持续冷战一段时间，也没有心情做爱，开始进入"无性生活"。"床头吵、床尾和"不适用于大部分的伴侣，当你的男人对你缺乏性趣，不妨想想和检讨你们是否经常争执或冲突、有无阻碍你们情感的冲突事件，逃避、压抑、不去解决伴侣积累的矛盾冲突，容易导致关系冷淡和疏远，彼此感到讨厌或害怕，也无性欲可言。

邀请你的男人一起检视你们现在的关系，发现哪些未解决的冲突或没有获得满足的情感需求，造成你们情感和性欲的阻碍。对于已经过去、无法改变的情感伤害，相互做出真诚道歉和宽恕，打开彼此的心结。同时，对于现在存在的冲突或差异做出沟通和协调，双方都愿意做出自己可以有的努力和改变，重建两人的爱的信任，才能排除性爱的阻碍。

增进身体和心理的性吸引力

当你的男人表现出对你没有性趣或不够激情，你可能会像可欣那样怀疑是不是自己对另一半缺乏性吸引力，并开始对自己的外表或装扮做些不一样的尝试，这样也许能起到一些正面效果。但或许也会像乐怡那样产生反效果，老公对于她刻意的性感打扮感到反感，他心里更期待她表现出温柔和带点撒娇的样子。你可以和另一半对性吸引力做出开放讨论，哪些外表特征、特质或行为是吸引他的，又有哪些是让他感到排斥或嫌恶，导致没有性欲或性反应不足的。

对伴侣性爱而言，身体和心理的性吸引力同样重要，对已经相处多年的伴侣来说，心理性吸引力更为重要。要维持身体性吸引力，不一定要长得或整形成女明星或模特儿那样，但至少要保持适当体型和体重、注重打扮穿着和变化、保持良好的清洁习惯，以及维持身体健康和活动体力。在心理性吸引力上，表现出符合女性的特质通常对男人较有异性吸引力，如温柔、友善、感性的特质，以及表现出另一半欣赏的特质，也能主动和另一半进行身体接触、情感交流，表现自己的优点和魅力。

增加性爱的新鲜和兴奋感

就如我之前一篇文章提到的，随着伴侣生活相处久了，两人容易在性爱上缺乏兴奋感或新鲜感，逐渐形成"性疲劳"。广浩并不觉得另一半有什么不好，反而对她用心照顾家庭和教养孩子表达欣赏和肯定，两人平常也经常交流也有共同兴趣爱好，但总觉得两人的性爱没有获得期待的激情、兴奋和高潮，次数也越来越少，甚至他开始逃避、能不做就不做。

要唤醒激情和重建性爱，伴侣需要在性爱中不断做出尝试和变化，避免成为习惯、一成不变。例如，选择在不同的地方做爱获得新的乐趣，尝试一些新的性爱姿势和技巧,偶尔改变性爱互动的主动权。其次,两人互相进行性敏感带的探索和刺激,以及在平时经常进行非性行为的身体深度亲密接触,如拥抱、亲吻、爱抚,能创造出新的性爱关系。

当你发现你的男人对你性趣缺缺,不要对他有过多的怀疑、指责、抱怨,这样不但没有任何帮助、反而会使他更加抗拒。伴侣要能成为"合作者",找出阻碍性爱的原因,给予他温暖的鼓励和支持,帮助他减除负面情绪和压力、改变不良的生活习惯、调整饮食习惯,也要和他一起解决你们的矛盾和冲突,尝试做出改变以增加你自己的身体和心理的性吸引力,找出方法唤醒激情和兴奋,重建美好的性爱生活。

解开无性伴侣之谜

如瑾很难相信她和另一半也会加入"无性伴侣"之列，在他们热恋和婚后头一年，巴不得时时刻刻腻在一起，两人总是充满激情和享受性爱的愉悦，但自从她怀孕和产后，情况发生了改变，她将大部分精力放在照顾孩子上，另一半宇明也正值职业生涯冲刺期间，工作忙碌和沉重压力使他回到家时大都已身心疲惫。虽然，两人在如瑾产后几个月曾尝试过几次做爱，不是草草结束、就是无法顺利进行，两人因各有事忙碌也不在意，如瑾也觉得只要生活和关系稳定就好，至于性爱问题以后再说，这样一拖，两人已经两年没有性爱生活。

也许你会认为无性伴侣应该是少数，那你就大错特错了。有一媒体透过网络线上调查，结果显示国内26.1%的伴侣一个月也没有一次性生活，而且，这数据随着年龄呈上升趋势，41至50岁伴侣"无性"比例达到28%，50岁以上伴侣更达到45%。另中国人民大学性社会学研究所对3824名已婚或同居伴侣的一项调查显示，平均每个月性生活不到一次的超过25%，最近一年内连一次性生活都没有的则占6.2%。

无性生活是幸福的最大杀手

许多女人也许会像如瑾一样，在伴侣无性生活的初期，认为这没有什么大不了，然而，随着无性生活的时间拉长，伴侣生活开始出现许多矛盾和纠结，导致关系冲突增多和逐渐疏离，一方或双方爆发外遇或一夜情危机，最终可能导致离婚、关系的终结，无性生活对伴侣或婚姻关系往往造成明显危害。

当伴侣陷入无性生活后，伴侣间的不满和抱怨会不断增加，开始彼此指责和推诿这是对方的问题和责任。章雨在二三次尝试做爱失败后，自己变得焦虑不安和没有信心，当老婆乐姗尝试靠近他，他总是刻意逃避身体接触，也找各样的理由逃避性爱，如身体很累、工作压力大，乐姗要求他去做检查，他也总是找各样借口拖延，这使她对他变得不耐烦、甚至厌烦，两人激情殆尽、逐渐疏离，只剩折磨和痛苦，没有幸福可言。

无性伴侣的一方或双方可能寻求其他方式来获得性欲的发泄和满足，如自慰、一夜情、买性等方式。博远和老婆曼妮结婚三年后就出现性爱疲劳，很少从两人性爱中获得兴奋和高潮，加上曼妮几次抱怨他表现得不够体贴、前戏不够等，在一二个月的无性生活后，他习惯观看情色影片和进行自慰来满足性欲，也在几次应酬酒后买性，他开始觉得这样更为刺激，放弃恢复伴侣性爱的努力。

无性伴侣常会误以为对方对性爱不感兴趣，其实，他/她会尝试找到其他吸引他/她的性爱对象，导致外遇危机发生，甚至演变成情感型外遇。宏信和老婆已有一年多没有性爱生活，他开始怀疑是不是自己性功能有问题，在一次冲动中和网络聊天室认识的女人相邀见面并发生性爱，本来只是想要试试自己性能力是否正常，后来，他不断利用加班或出差的借口和对方相约，两人也开始发展出感情，直到老婆发现时，他们的关系已到无法挽回的地步，最后以离婚告终。

无性伴侣往往是积累而成

所谓的无性伴侣是指伴侣长达一个月或以上没有顺利进行性爱生活，我们首先排除三种情况，一是一方或双方有导致无法进行性爱的生理疾病，另一种是女方在怀孕或产后恢复、不适合进行性爱的期间，还有一种也是国内常见的情况，就是伴侣因为工作、移民、孩子教育等因素而两地分居。而其他的造成无性伴侣的主要原因较多是伴侣情感或个人心理因素引发和积累的，我接触过的许多案例大都是以下五种类型和促发因素。

类型一：怀孕和产后后遗症

这可能是导致伴侣无性生活最常见的原因之一，伴侣在女方怀孕和产后恢复期间长时间没有性爱，以及缺乏有效的产后性爱调适；加上女人在产后明显性欲降低或出现抑郁症状；还有女人为照顾孩子而和孩子同睡，和老公分房睡，形成习惯的生活方式，即使想做爱也不方便而作罢。

类型二：伴侣生活的冲突

当然，伴侣不会因为一次争吵而导致无性生活，但往往这会是个开始，老婆因为老公忘记她的生日、经常加班晚回家、教养孩子方式不一致等问题感到不满，而以拒绝做爱来惩罚对方，老公也怀恨在心；另外，如果伴侣两人经常因为生活琐事争执，也会使性欲和激情逐渐丧失。

类型三：出现性爱疲劳现象

当伴侣共同生活一段时间，也许是三年，也许是七年，两人性爱如果缺乏变化，往往会陷入疲劳或倦怠的状态，对性爱提不起劲、想要逃避或回避、很少感到愉悦或兴奋，最后演变成对另一半失去性欲、甚至感到性嫌恶。

类型四：性功能障碍引发

我们指的是因为生活习惯或心理因素导致的性功能障碍，男人最常见的是无法勃起，可能因为饮酒过度、压力过大、工作挫败、创伤经验等因素，或者在几次尝试失败后失去性自信并放弃努力；女人最常见的是性欲低落、性疼痛，这些障碍使得伴侣逃避和无法进行性爱。

类型五：外遇的问题

外遇可能是伴侣无性生活的原因或结果，如果外遇一方和第三者仍在交往中且有性爱关系，伴侣的性爱生活通常是暂停的；即使外遇一方和第三者已经结束关系，受伤害一方仍然需要一段时间抚平创伤、调适情绪，甚至会觉得对于和另一半做爱感到肮脏和嫌恶，变成无性生活。

无性生活的预防和因应

无性伴侣要重新恢复性爱生活并没有想象的那么容易，有些女人认为只要穿着性感内衣或睡衣、擦点香水来引诱男人就可以，或有些男人认为只要服用助性药物就可以，但这对长期没有性爱生活的伴侣往往不见效或不是长久之计。

伴侣感官专注的练习

对于想要恢复性爱的无性伴侣,"感官专注练习"是最经常被使用和实证有效的性治疗行动,特别是对因为性爱疲劳现象、心理性的性功能障碍、外遇危机后的性爱恢复等情况。帮助伴侣发展对于感官和感觉的高度觉察和专注,而非专注在性爱操作,逐渐重获伴侣关系和性爱的信心;也能降低性爱的焦虑感,让伴侣重新学习到如何去表现情感、接收愉悦。它主要是让伴侣以一种渐进且不具威胁性的态度,进行彼此身体亲密接触与情感涉入。

这个练习总共分为三个步骤依序进行,每个步骤要每日练习和进行一段时间,直到双方都感到自在、愉悦和兴奋,才进行下一个步骤。第一步骤是"非性器官的愉悦",伴侣双方穿着感到舒服的衣服,彼此进行最没有威胁性的行为,包括彼此拥抱、按摩背部等,并给予对方反馈,说出他/她喜欢或不喜欢的方式和感觉。第二步骤是"性器官的愉悦",伴侣双方可以裸体、穿着内衣或宽松睡衣,彼此对性器官与胸部做温柔的碰触,以一种令人愉悦的方式彼此爱抚,练习后彼此给予对方反馈。第三步骤才是"性交的愉悦",性交也可以分解成几个行为,深度、时间、动作等。

产后积极的性爱恢复行动

伴侣需要在产后积极地做出恢复性爱的行动,为避免长期缺乏性互动产生的身体疏离感,伴侣能在孕期和产后恢复期持续保持适当的身体亲密接触活动,比如拥抱、亲吻、爱抚,也要认知到产后伴侣双方的身体和心理变化，需要有一段适应期，双方需要有更多的耐心并表现体贴和温柔。

女人普遍在产后会出现性欲低落现象，容易对性爱做出拒绝或表现不耐烦和冷淡；婴儿和伴侣在同个房间睡觉，会使伴侣无法自在地释放激情，使老公也感到性趣阑珊。对于这些情况，男人需要对女人在产后性欲的变化做出理解和体贴，而女人也要学习将各种心理负担先放下而投入性爱当中，使双方都能愉悦地释放性欲，而性爱也是减除压力、获得放松的有效方法。

女人在产后因为外表变化，以及忙于照顾孩子和处理家务而疏于打扮，容易使自己对另一半逐渐失去性吸引力，而使伴侣激情不再。男人在这问题上要能用新的观点来欣赏另一半，并主动积极帮助家务和提供支持，让另一半有时间运动或打扮自己，或者鼓励和陪同散步或运动；而女人也要学会爱自己和照顾自己，让自己恢复和保持健康的身形，不仅有助于身体健康，同时能重建自信和性爱吸引力。

及时解决伴侣间的冲突

伴侣如果存在未解决的冲突，不满和愤怒的情绪会影响双方的性欲，或阻碍伴侣性爱的恢复。因此，双方要试着对未解决的冲突进行讨论、协调和解决，以及对于彼此的错误或伤害做出道歉和宽恕，使两人重新接纳对方、重建亲密情感，才能恢复激情和性爱。伴侣需要记住，千万不要把情绪带到性爱当中，或把拒绝性爱当作惩罚对方的手段，以免心生怨恨和报复的心理，导致性爱问题。

无性常使伴侣关系变得无趣和无爱，伴侣需要经常评估和维持亲密和激情，当出现激情渐失、甚至警觉到开始步入无性生活时，两人需要果断做出讨论和解决，不要逃避和拖延而成习惯。如果你们已是无性伴侣，也不要绝望，可以一起去寻求性咨询和婚姻咨询的专业帮助。

网络性爱侵蚀伴侣关系

美国婚姻律师协会一项关于离婚原因的调查显示，美国有20%的夫妻离婚和社交网站有关，最常见的是伴侣一方和其他异性在社交网站大聊性话题，或者进一步的性接触。国内这样的案例也不在少数，许多男人从网络获得性爱的兴奋和满足，例如，浏览网络情色图片或观看明星及一般人的情色视频，这是较为传统的方式。

而进一步的是采取网络互动的方式，例如，使用聊天室以即时信息互动方式进行现场的性爱对话，以视频方式进行一对一的性爱互动，更有的是双方穿戴具有感应器和模拟器的设备，经由电脑连线产生更为真实的性爱互动来模拟性交。然而，如果你的另一半沉溺于网络性爱，不仅会破坏伴侣的性爱和情感关系，甚至会造成伴侣危机，所以，你需要懂得如何防备和因应这样的问题。

建安和天语结婚五年，最近半年来，他经常会在晚上独自在书房上网到很晚，即使老婆已经上床睡觉，他还继续在上网，通常会到深夜一两点。天语原先以为他是在查询资料、打游戏或是和朋友聊天。有几次，她走近要和他说话或叫他睡觉，他总显得有点紧张和慌乱，点击其他网页或迅速关掉屏幕，甚至对她没有敲门就进入书房感到生气。建安的这些举动引起她的猜疑，天语有次趁老公洗澡、没关掉电脑，查看了他的聊天记录，发现他和其他女人进行的视频聊天，里面都是些暧昧和极具挑逗的对话，两人甚至在网上互称老公、老婆，更知道建安趁他到外地出差时，曾经和对方见了面。

已婚男人为何偏爱网络性爱

如果你认为会玩网络性爱的都是单身男人，那你就大错特错了，许多像建安这样已婚或已有女友的男人也同样热衷于网络性爱，付费上情色网站、在网络上寻找性爱对象，或者与现实生活认识的女人在网络上玩起性爱互动，这样的行径让身边的女人想不通他们心里到底在想什么或想要获得什么。现在，我们从男人的性心理做出分析，帮助你了解男人偏爱网络性爱的原因以找出因应之道。

- 男人会开始网络性爱大都是寻求刺激和激情，一是排除现实生活的无趣、苦闷或压力，二是因应伴侣关系的疏离感所导致的他内心的孤单、被拒绝和压抑，往往很少是在一开始就想寻找爱情或伴侣。
- 这是出于男人的侥幸心理，沉溺网络性爱的男人通常认为他只是玩玩，不会影响伴侣或婚姻关系，或者心里自我安慰"这样做总比我到外面搞外遇更好"，他会认为网络性爱是最为便利和安全的性爱游戏。
- 为了满足自己的性幻想和迷恋，他在网络世界扮演理想的男人，如充满魅力、浪漫、热情、温柔、成功或多金的形象，虽然，这可能和现实世界的自己相差甚远。还有许多将近或已届四十大关的已婚男人会有想要重拾恋爱的感觉。

男人网络性爱造成伴侣危机

女人对另一半大玩网络性爱有两种极端的情绪反应，一是认为这没有什么，他就是无聊、玩玩而已，只要不发生实际外遇就好，而选择忽略和不在乎；另一种是认为这已经是背叛、是精神外遇，也代表他已经认为我没有吸引力、不爱我了，而感到不满和愤怒。其实，男人网络性爱问题不仅仅是他个人的问题，更将危及伴侣关系，甚至导致关系的破坏和结束。

男人网络性爱不论是单一对象或不特定对象，都会陷入类似网瘾或烟瘾等成瘾症状，沉溺时间会越来越长，几乎把所有空闲时间和心思都花在上面，就如建安一样，忽略现实伴侣关系的生活相处和情感互动，关系自然变得更加疏离和陌生。

实际而言，许多男人的网络性爱往往演变成真实世界的性爱和恋爱，因为经过一段时间后男人会变得对只有文字和影像的互动感到不满足，开始想要冒险跨越那条"红线"，一夜情或恋爱关系就这样发生了，你那时要做出干预可能为时已晚。

迷恋网络性爱的男人对现实的伴侣容易变得焦躁和不耐烦，经常对另一半不满和批判，觉得她不够体贴、温柔。这可能出于他的比较心理，他将网络性爱对象过度美好化，而丑化现实世界的你；也可能出于他的内疚，男人犯错往往会用愤怒来掩饰，这些情况都将激化伴侣冲突，产生破坏性的伤害。

它会侵蚀伴侣的性爱关系，男人在网络性爱中通常会以自慰来获得兴奋和结束，也有的以另一半作为最后的"泄欲工具"，或者与网络性爱对象开始和维持实际身体的性爱关系，无论何种，现实中伴侣的性爱关系次数会不断减少或形成无性生活，或者缺乏以往那种热情、兴奋，而是草草了事。

他是否有网络性爱的问题

在许多实际案例中，有些女人无法相信另一半和认识的网友已经维持了好长时间的网络性爱和情感互动，并有实际性爱关系且开始恋爱。所以，你可以对许多异常的现象做出观察和评估，如果另一半符合以下这些情况中的多项，并不代表他一定在搞网络性爱，但需要和他做出讨论、澄清和改善。

1. 他经常晚上单独上网很久，周末也留在家里不想出门。
2. 他上网时总是非常隐秘，如关门或锁门。
3. 你在他上网时不预期走近，他会显得慌张和不耐烦。
4. 你发现他在上网时偶尔会露出诡异的表情、微笑或声音。
5. 在你走近时，他会立即关闭正在浏览的网页、点击其他网页，或直接关掉屏幕。
6. 他对你们的性爱变得冷淡、缺乏性趣。
7. 他偶尔会突然变得性趣盎然和勇猛。
8. 他使用的电脑会用密码保护，并拒绝你使用他的电脑。
9. 他有其他外遇的信号，如手机响不接或到你听不到的地方接，深夜有短信或发送短信，加班或出差的时间变多。

如何因应男人的网络性爱问题

女人可能对男人的网络性爱问题会有些纠结，当她发现另一半和其他女人在网络上谈情说爱，心里犹豫该不该质问他，或者装作不知道、照样过生活，生怕他会恼羞成怒或暴露更多她无法接受的事实。我们接下来要讨论你该如何有效因应男人的网络性爱问题，能及时做出解决而不使问题积累或恶化到无法处理，也控制不使这问题激化冲突和破坏关系。

先评估和改善伴侣关系

伴侣关系疏离或无性生活可能会是男人网络性爱的原因或理由，大部分男人寻求网络性爱可能是他在生活和情感上感到孤单和寂寞，或是性爱或情感受到另一半的拒绝。评估你们的关系存在的问题，例如，对他忽略、缺乏关注，较多时间和注意力放在孩子身上；两人缺乏交流或差异过大，老公有些话找不到人说；两人缺乏共同兴趣或共同话题；经常对他进行性惩罚，因为伴侣冲突而无情拒绝他的性爱邀请。进一步，针对你们的关系问题发现你自己的问题和责任，一起做出努力和改变，增进你们的亲密和激情，使你和男人在现实伴侣关系上获得满足。

做出果断行动和积极因应

当你得知这样的问题，立即和快速地做出有效因应，才能减少你的焦虑不安，同时，也谨防问题的恶化。使用温和方式让他清楚知道，你已经发现和知道这样的问题，例如，他上网时，你故意坐在他旁边并表示对他现在做的事情感兴趣，让他因为无法和其他女人调情而感到无趣。

如果他承认这个问题，并愿意做出改变的承诺，务必采取立即且果断的行动，不要让他敷衍"以后再说"，或傻傻地认为他会自己反省和改变。例如，要当着你的面清除资料、关掉账号等，或者允许你有一段时间可以查看他的电脑资料，让他知道你非常关注这个问题。

进行问题讨论和共同解决

你们需要对这问题做出冷静理性的讨论，让男人先知道你要讨论这问题的正面积极的目的，你是为了和他一起解决问题、保护和改善你们的关系，而不是故意要找他麻烦。做出事实和问题的澄清，温和地表达你所知道的事实、你的感受和想法，也要让对方有澄清的机会，并能对于未来的改变做出承诺和行动。

避免过度情绪化，说或做一些伤害他人格或自尊的话语或行为。相信他所说的和所做的承诺，但也要在未来一段时间内定期讨论和追踪。同时，对于这问题的原因做出讨论，如自我控制低落、最近压力过重、两人关系较为疏离等，给予他鼓励和支持，也和他一起努力和解决。

寻求专业心理咨询的帮助

如果另一半承认他有这样的问题已有很长一段时间，如六个月以上，并自觉无法控制和改变自己这样的行为，或者他正面临生活或工作压力而无法有效调适，就要积极鼓励他寻求专业心理咨询的帮助。如果你们的关系已经变得疏离和冷漠，或者已经有一段时间没有性爱活动，那就勇敢地寻求较有经验和专业的婚姻咨询师的帮助，解决根本的问题。

男人的网络性爱已经成为伴侣关系的可怕杀手，不仅侵蚀和破坏伴侣的情感和性爱，也常随着网络性爱后"实体外遇"的发生导致关系的结束。你需要注意身旁男人的异常信号并积极做出因应，同时也在生活和情感上关注另一半的需求，也要保持伴侣性爱互动的变化和激情，这样才能防止网络性爱的侵入。

第 二 部 分
The second part

·爱情商数·

LOVE QUOTIENT

成熟的态度

MATURE ATTITUDES

真爱密码

幸福维生素

友谊式伴侣

学会宽恕,爱才能永不止息

幸福资本的五大杀手

真爱密码

有次观看电视上《中国达人秀》的节目时，舞台上出现一位年过六十的妇人，脸上带着温柔的笑靥、脖子上系着丝巾、手上抱着吉他，娓娓道来她和已经过世的先生那份甜蜜和契合的爱情，接下来，她带着微笑，双手拨动琴弦、用微颤的声音，对着在天国的另一半唱出他们曾经拥有的爱情，"因为爱情，不会轻易悲伤，所以一切都是幸福的模样；因为爱情，简单的生长，依然随时可以为你疯狂；因为爱情，怎么会有沧桑，所以我们还是年轻的模样……"触动我的是体会到他们的心灵依然紧紧联系着，我想这不是现在许多"貌合神离"、"同床异梦"的婚姻所能比拟的。

情歌听来总是感人的，爱情故事和电影也是浪漫的，但我们现实世界的爱情往往是令人心痛、悲伤，甚至疲惫不堪的，充满许多矛盾和纠结，硬是少了甜蜜和浪漫，好像离原本期待的幸福和快乐越来越远，剩下的不是平淡无奇的生活，就是彼此折磨、痛苦的冲突。有句话说的好："要为对方死是容易的，但和对方生活是困难的。"似乎爱情被生活打败了，造就了"闪婚"也"闪离"的现象。

其实是我们忘了起初的爱，忘了用信任（CONFIDENCE）、情感（AFFECTION）、浪漫（ROMANCE）和包容（ENDURANCE）来浇灌和照顾，使爱情依然能不断生长，这四项的英文前缀连起来就是真爱密码：关怀（CARE）。

爱需要成为信仰才能坚固

基督徒的婚礼中有段婚约问答和交换誓词的程序，新人要各自回应主礼牧师的问话，"你愿意嫁（男方姓名）作为你的丈夫吗？与他在神圣的婚约中共同生活？无论是疾病或健康、贫穷或富裕、美貌或失色、顺利或失意，你都愿意爱他、安慰他、尊敬他、保护他？并愿意在你们一生之中对他永远忠心不变？"当然，我们往往会听到女方回答："我愿意。"这"我愿意"就是对爱情的承诺，是信任和信仰的开始，是两人愿意共同生活和共创生命理想，一起共同奋斗和拥有爱情的信仰。

爱情要成为信仰需要有坚固的信念成为基底，首先，是"另一半是上天为你预备最适合你的那一位"，两人愿意携手同行人生的道路，即使遇到冲突或阻碍也愿意做出努力而不会轻易放弃，更不会常常想"下一个会更好"或者"换一个看看"；其次，是"在爱里没有惧怕"，就是建立一种安全依附的关系，如同人对他所信奉的神的那样坚定和安全的依靠，伴侣彼此在生活和情感上有着依附关系，可以放心地依靠和给予对方，在心中没有惧怕或焦虑，自由地分享自己的想法和情感。

我遇到过有些男人会说"我虽然外面有女人，但我没有想要离开太太，也没有放下家庭不管"，或者"我没有外遇，不晓得她有什么不满"。对爱情忠实的信仰不仅是消极地没有肉体或精神的外遇，而是积极地对爱情的呵护和投入，把对方视为你生命中最重要的人，把时间和精力适当地放在对方身上，满足彼此的情感需要，而不是只关心你自己、孩子或你的父母。当两人内心有着对爱情的共同信念，信守爱情的誓言和保护起初的爱，在生活中活出对关系的忠实承诺，才能产生内心的安全感——我可以完全信任你。

情感是爱情的维系力量

有人幽默地说："驱使男人回到家的，不是摆在家里的结婚证，而是家里的爱和温暖。"在伴侣关系里责任是重要的，但若只剩下责任或承诺，就会给人有种"不得不"的无奈，每个人都想回到家、依偎在另一半的身旁，但前提是等着他/她的是让他/她感到轻松自在、安全、温暖和甜蜜的家，而不是不停歇的抱怨和唠叨，或者永无止境的冲突和纠结。唯有两人在爱里相互归属和获得亲密，以至于能获得心灵契合，才能体现"二人成为一体"的最高境界，是情感和心灵的紧密连结，同时保持着适当且健康的界限。

当你和另一半在一起时能感受到爱和温暖，这样的爱情才会使人的生命更为丰富和快乐，对二人的生命才是"加分"，而不是扣分，才能充分体现"两人要比一人更好"。有人比喻婚姻如同一个坑，里面的人拼命地要跳出来，而外面的人却拼命地要跳进去，相处的矛盾和纠结常会使人想要逃避爱情，开始怀念过去单身的自由自在，特别是男人。少了情感的满足，那爱情就少了亲密的维系力量，只剩下勉强过生活或痛苦在一起的约束而已。

伴侣优质的互动习惯才能创造爱情的氛围，当你能和他一起面对和解决困难，对他说些赞赏、认同的话语，对他能不带评价并表达共情，接受他的优点和缺点、他的想法和感受，信任他并让他知道他是值得信任的，能尊重他的决定和生活习惯,在双方差异上能做出讨论和协调、而不是固执已见,这样的支持、鼓励、倾听、接纳、信任、尊重和协调差异的互动习惯,才能创造更多美好和值得珍惜的情感。相对的,那些致命的批评、指责、抱怨、唠叨、猜疑的习惯,会使两人失去对彼此的爱慕之情,彼此不再是相互关注和吸引的,那就是爱情已到了癌症末期,即将丧失生命力而无法挽回。

浪漫和激情使爱情有味道

少了浪漫和激情的情感最多算是友情或亲情,不能算是爱情。男与女关系最为独特和奇妙的动力就是那种强烈地渴望和他/她结合的冲动,而促使伴侣关系充满浪漫和吸引力,更带动男女性爱的欲望和渴求。我们不否认有些伴侣适应于"无性生活",但毕竟那不是常态,一个人要保持健康的心理,很重要的一点是他要能在生活中适当地释放性欲和愤怒,特别是对男人而言,当两人不再相互吸引,甚至失去身体亲密接触和对性爱的渴望,这样的爱情容易失去味道,变得冷淡和无趣。

许多动物会在求偶季节,使用羽毛颜色、嘹亮叫声、勇猛气势等,来吸引对方的注意和产生动情激素。在男女之间也是这样,激情始于吸引力,不论是外在感官的吸引,还是内在特质的吸引,要能激发对方对你的身体和温柔的渴望。

伴侣美好和愉悦的性爱经验,常能激起男人更强大保护伴侣和家庭的力量,也能激起女人更为温柔的能量。如果男人对女人说"我对你没有感觉"或"我不再爱你",通常指他对另一半没有激情。而女人对男人"我觉得你不再爱我",通常是说对方不再像以往那样的关心和疼爱她,可见男人比女人更容易把性和爱紧密联系在一起。

我刚回到国内的时候,很惊讶也很喜欢许多夫妻介绍另一半时,会说"这是我的爱人",但遗憾地发现许多夫妻或伴侣在生活当中往往忘了如何扮演"爱人"或"情人"的角色,而变成了"老公"或"老婆"般地过生活而已。伴侣双方都需要展现自己外表的性感魅力,和表现出对方喜欢的特质,这样才能成为吸引对方的人,同时,双方也能不断地保持愉快和浪漫的约会活动,以及在身体接触和性爱互动里释放激情,这样才能使爱情之火不会燃尽。

爱情需要靠着包容来维持

爱是需要伴侣相互的包容和宽容的。《圣经》有段描述爱的真谛的经文:"爱是恒久忍耐,又有恩慈,爱是不嫉妒……"我刚读到这段文字时有些不解,为什么要用"恒久忍耐"作为开头,而不是用信任、关心、尊重等其他字词,后来,等到自己结了婚才真实地体会"恒久忍耐"在爱里的意义和价值。"相见容易、相处难",当我们不愿去接纳对方的缺点或不足,一直想要对方去改变时,这爱情往往会变质和走到尽头,因为任谁都无法忍受那不停的抱怨和唠叨,如"你怎么这么差劲"、"你怎么连这个都不会"。

一个男性朋友不满地说,另一半常会因一些小事和他较真和争执,甚至会在他想要睡觉的时候,纠结在一些小事上,不让他睡,最后他决定分开,因为他觉得日子过不下去。电视上越来越多的节目在做协调情感、婚姻或家庭问题的内容，发现这些伴侣几乎把所有的时间和精力都用来争吵，没有时间去相爱。大部分伴侣是只看到对方的缺点和不足，却没有看到自己的问题和责任，就是"看到别人眼中的刺，却看不到自己眼中的梁木"。而且，最为可怕的是还常为一些短期不能改变的事情抱怨，如"不够有钱"、"能力不足"、"赚钱不够多"、"不够浪漫"。

忍耐不是要你忍气吞声或压抑情绪，而是能真实地完全接纳对方的优点和缺点，包容他的错误和不足，也能耐心地支持和等待他的成长，而另一方也能因为爱而愿意做出改变，无论是在生活方式、习惯或个性上。在爱情里，指责、要求和命令常产生反效用，人本主义心理学家卡尔罗杰斯指出，当一个人感受到自己被真诚一致地对待、完全地被接纳和尊重、真实和共情的理解，就能产生影响的力量，在伴侣关系里也是这样。

有句话说得不错:"婚前要选择你所爱的,婚后要爱你所选择的。"当你和另一半能持守着起初的爱,并让这爱情不断更新而变化,使爱情成为你们共同的信仰,彼此满足对方的情感需求,让激情的火持续燃烧,也能因爱而相互包容,才能使真爱永不止息,因为"爱是恒久忍耐,又有恩慈;爱是不嫉妒,爱是不自夸,不张狂,不做害羞的事,不求自己的益处,不轻易发怒,不计算人的恶,不喜欢不义,只喜欢真理;凡事包容,凡事相信,凡事盼望,凡事忍耐;爱是永不止息"。

幸福维生素

如果说维生素是一个人维持正常的生理功能必需的物质，以使身体能健康地生长和代谢，那么伴侣关系也需要有创造和维系幸福的"维生素"，这些维生素的获得需要伴侣每天持续进行满足内在情感需求的活动，当缺乏这些维生素时，伴侣的情感将逐渐疲劳、衰退和殆尽，就如身体出现疾病或衰老一样。

定期补充幸福维生素

许多伴侣经常忘了为伴侣关系持续补充维生素，在结婚没有几年或有了孩子以后，就开始出现许多问题，两人冲突不断或关系变得疏离。"计划型"伴侣是能随时关注自己和另一半在生活和情感上的需求的，每天、每周或每月定期进行增进情感的行动，不仅使情感关系保持安全和稳定，也能不断地创造许多幸福时刻。

我们常会为伴侣没有时间交流或互动，找许多冠冕堂皇的借口，如"我工作很忙碌"、"我要照顾孩子"、"我压力很大需要休息"。我们发现国内许多伴侣每天除了吃饭、睡觉，真正产生心理和情感互动的相处时间少得可怜，要比办公室的同事少得多。

《圣经》有句话说："你的财宝在哪里，你的心就在哪里。"当我们能把另一半和伴侣幸福看为最有价值的，超过自己的工作事业、兴趣爱好，也超过孩子，你才会乐意花时间在伴侣关系的经营上。其实，当你关掉你的电视、电脑和手机，你会觉得你们突然多出许多时间，这些时间可以好好利用来补充你们获得满意和幸福关系所需要的维生素。接下来，我们将依序讨论八种维系伴侣关系必要的维生素，以及伴侣如何去做以获得足够的营养。

维生素A：相互欣赏时间

维生素A不仅能维持人正常的视觉反应，也能保持皮肤湿润和防止干燥角质化，也被称为美容维生素。伴侣要在生活中设置一个"相互欣赏时间"，彼此主动积极地将你看见或感受到的另一半值得欣赏或爱慕的特质、能力、成就或外表特征，连同具体的事例，用话语说出来、用文字写在卡片或用手机短信，向另一半表达出来，这样的爱慕行动会使双方觉得自己在另一半心目中是重要和有价值的。

当你们能更多关注对方好的地方，而不是不好的地方，你会觉得对方还不错，增加你对他的眼缘和好感，而不是越看越不顺眼，甚至到嫌恶的地步。同时，当你们能更多地看到彼此值得欣赏的地方，也会增加对婚姻和情感的信心和希望感，而不至于太快老化。

维生素B：亲密接触时间

在维生素B族中人体需要量最多的是B3，它能维持消化系统健康，也是性荷尔蒙合成不可缺少的物质。伴侣也需要持续维持亲密和激情才能使情感关系更为健康，经常保持身体温柔和亲密的接触，是维持亲密感和唤醒激情的必要因素。

在每天的一些时刻，两人相互拥抱、亲吻和爱抚，如早上起床或分别出门时、晚上回家见面或睡觉前,时间可以是一到三分钟。首先,进行时要身心投入和用心感受、不是敷衍了事的,并且可以多些新意和变化、不要过度公式化。其次,这行动的目的是要表达亲密,而不是要为性爱做准备。两人能从身体亲密接触中保持对另一半身体的渴望,也从身体接触到情感依附,感到安全、温暖和信任。

维生素 C:愉快活动时间

维生素 C 主要是帮助人体完成氧化还原反应,使脑力运转和智力提高,也对预防感冒和抗癌有一定作用。伴侣也需要有共同兴趣爱好,经常安排时间从事共同感到愉快的活动,使生活充满乐趣,避免变得无聊、无趣。也能使伴侣有时间放松和调整心情,伴侣双方往往被工作或家庭压迫得喘不过气,变得焦躁和没耐心,容易因小事而发生争吵,经常做些共同感到愉快的活动,使紧张情绪缓和下来,可以预防不必要的冲突。

这些活动最好是两人都喜欢的,或是一方喜欢且另一方愿意参与的,如散步、看电影、打球、看画展、听音乐会,也可以轮流安排,而不是以某人为主,双方要能为创造愉快互动尝试参与、不要太快反对或排斥。

维生素 D:伴侣交流时间

维生素 D 具有调节人体中钙的作用,使骨质不断更新和维持血钙的平衡。人需要透过谈话交流来达到交换信息、联系情感或解决问题的目的。伴侣更是这样,在生活当中可以经常像亲密朋友般,坐在一起轻松自在地交谈,卸下生活和工作的压力,拿掉戴了一整天的面具,彼此打开心门开放地分享。"交流"能将两人的世界联系在一起,产生心理接触和连结,增强情感关系的联系和亲密能量。

你们可以在每个晚上设定10到20分钟的"伴侣交流时间",可以交流当天发生的事情,并在每次设定一个交流的主题,包括重要人物如好朋友、最崇拜的人等,重要事件如童年经验、感到最有压力的事情等,兴趣爱好如喜欢的音乐、周末活动等,理想目标如人生梦想、现阶段人生目标等。

维生素E:单独约会时间

维生素E是人体内优质的抗氧化剂,可以预防衰老。伴侣随着相处时间久了,再加上孩子出生,两人不是忙工作事业、就是忙孩子,往往会从无话不说到无话可说,很少有情感交流和共同活动,这样的平淡生活已使两人关系变得疏离。

伴侣需要重新开始"约会",刻意调整伴侣生活方式,定期安排两人单独相处的时间,可从每月一次逐渐增加到每周一次,可以安排一个晚上或一个周末的半天,共同或轮流安排约会要进行的活动,做些和平常不一样并感到浪漫的事情,如到高级餐厅享受美食、漫步在月光下、看场电影、喝下午茶,一起度过美好时光也为伴侣关系充电。如果你想不出来要做什么,可以回想你们谈恋爱时,你们都做些什么或会做什么样的准备。

维生素H:伴侣会议时间

维生素H是促进人体脂肪和蛋白质正常代谢不可或缺的物质。伴侣也需要经常有"会议时间",讨论和解决伴侣间的问题或冲突,以及一些重大事情的协调和决定,促进伴侣关系的新陈代谢,避免许多问题因为拖延没有解决,逐渐成为习惯或严重问题。

你们可以根据需要每周设置 1 到 3 次的会议时间、每次 30 分钟，事先决定和告知对方要讨论的事情，让彼此有时间做出思考和准备。当你和男人说"我们一起开个会"会比说"我们需要好好谈谈"更适合，另外，有明确的定期会议时间能避免随意爆发冲突，造成焦虑不安，能要求双方缓和情绪，到会议再讨论。当然，也要能掌握会议程序和时间，让双方都有充分表达和被倾听、理解的机会。

维生素 M：伴侣性爱时间

维生素 M 也称叶酸，具有抗贫血功能并能维护细胞正常生长和免疫系统。伴侣美好性爱不仅能增进激情，也能增强双方身体免疫功能，同时抵抗因无性生活或缺乏满意性生活而导致的外遇问题。伴侣要获得美好和满意的性爱，最好是事先做出规划和安排，因为两人都有工作很忙碌，经常处在身心疲累状态，这样通常无法获得满意性爱，或是性爱时间和方式不一致，特别是女人性欲变化通常是周期性的。

伴侣可以每周或定期安排伴侣性爱之日或之夜，双方在白天就存着美好想象和期待，也在身体和情感上做出准备，如送个小礼物、身体清洁、适当装扮、放下工作压力等，至少在这日子避免加班或做家务到疲惫不堪，不让自己的因素阻碍了伴侣的性生活。伴侣性爱时间可以事先做出安排，也允许"随性而为"，只要两人都有性趣。

维生素 T：共同社交时间

维生素 T 能帮助人体的血液凝固和血小板形成。伴侣有共同的朋友，并定期一起参加社交活动或家庭聚会，能使伴侣关系更加紧密和丰富，在你们生活或关系出现问题或冲突时，这些朋友可以成为你的情感支持和提供帮助的重要来源。

如果伴侣只有各自的社交群和活动，不仅占据许多伴侣相处的时间，也容易产生不必要的怀疑和试探，可以尝试了解和参与对方的社交群也是必需的。伴侣最好选择和你们同质性较高的朋友，如你们已经结婚了，那最好能找到婚姻关系还不错的夫妻，如你们有了孩子，也能和有孩子的夫妻多些互动和交流。尽量和婚姻幸福的人在一起，彼此有好的学习和成长，而不是都和离婚、外遇的人在一起，自然也会受到负面的影响。

> 幸福维生素能维系和稳固伴侣的亲密关系，避免太快地疲劳、衰退和死亡。这些维生素是伴侣要定期和一起服用的，而不是想到才吃。在相互欣赏时间增进爱慕、在亲密接触时间唤醒激情、在愉快活动时间增添乐趣、在伴侣交流时间联系情感、在单独约会时间保持亲密、在伴侣会议时间解决冲突、在伴侣性爱时间释放性欲、在共同社交时间丰富生活。伴侣可以把你们在每个时间的幸福记录下来，成为你们的幸福日志。

友谊式伴侣

许多男人心里会想,如果另一半是朋友那该多好。当伴侣能够做彼此生命当中最好的朋友,"我们是朋友"会使两人的心态和互动更加轻松自在,也使伴侣生活多些尊重和包容的温暖,少了纠结和冲突的痛苦,这样的友谊式伴侣才能使爱情更加真实和延续。

宇菲经常抱怨另一半学文,他在朋友或同事面前总是表现很热情、健谈和风趣,但一回到家里就像变成另一个人似的,对她总是冷淡、没耐心、爱发脾气,有时她真怀疑他是不是人格分裂,当她和他们共同认识的朋友提到这样的情况时,他们都感到不可思议。

我们发现许多伴侣好像很难轻松自在地在一起,其实是彼此心中有着太多情感纠结,存在着权利和义务、角色和责任的复杂因素。"我觉得你应该……"、"我认为你必须……",当他不想陪你逛街、晚上想独处做些他想做的事或假日想出去和朋友聚会时,可能会触动你感到被拒绝或冷落的神经,开始发出不满和抱怨的声音。

伴侣有朋友情谊使爱延续

如果伴侣能把另一半当作生活中最为亲近的朋友,或是在伴侣关系里体现更多朋友的爱,那会是一件美事。当另一半告诉你,你是他一生最好的朋友，我想这是对你最佳的赞美。"我们是朋友"的心态会对伴侣关系氛围和互动模式带来许多改变，好像重新编剧，把一场烂戏改成喜剧。当女人能把男人当作是朋友，心里会少了许多绝对的"应该"、"必须"，而多了温和的"希望"、"想要"。

学会做朋友的伴侣，两人会变得更能包容，因你不会因朋友忘了买你交待的东西而大发雷霆；会更有弹性，因你不会因朋友有事要忙无法陪你而抱怨；也会更轻松自在，因你不会看不惯朋友的一些习惯就大肆批评；态度更为开放，因你不会经常猜疑朋友所说的话是否真实；有乐趣感，因你会想要和朋友一起做些共同感兴趣的事；共同感更强，你和朋友不仅是聊天或玩乐，也会想要一起做些有意义和价值的事。

伴侣关系要有更多朋友似的自在和情谊，这样关系才能久远。伴侣从相识到结合是两情相悦，彼此吸引也充满激情的，但我们需要接受的事实是，激情往往随着生活相处时间久了，会有所变化或者消退，许多男人在激情过后会觉得另一半不再有吸引力，如果两人生活平淡无趣或冲突不断，就会开始酝酿和尝试和其他女人大搞暧昧和外遇。所以，只有激情是不够的或者靠不住的，要有朋友般的情谊，才能使爱和温暖延续。

好东西要和好朋友分享

有个知名咖啡饮料的广告词叫做"好东西要和好朋友分享"，我们都会想要和朋友分享生活中有趣的事物，也分享我们心中的忧和喜。"分享"是伴侣作为朋友最重要的成分，是对于时间、兴趣、金钱、财产和生命的无私分享，而不是自私、吝啬、隐瞒、自我保护。

在时间上，希望有足够或更多的时间和对方在一起；在情感上，彼此倾心吐意，在对方面前感到安全和放心地表露情感，而不会担忧不安；在金钱和财产上，愿意慷慨地共享，而不是担心着房产证要写谁的名字。我们发现许多伴侣是功利型伴侣而不是友谊式伴侣，凡事斤斤计较，就像防备小偷一样，我们需要学会和生命中最重要的人分享我们的一切，看重和满足对方内心的需求，也珍惜每一个相处的愉快时光。

喜欢他喜欢的和爱他所爱的

诗雨很难理解阳辉会花一个周末下午，什么事情也没做，就坐在沙发上盯着电视播放的球赛，还不时地跟着呐喊和手舞足蹈，气得她把电视关掉并和他大吵一架。阳辉也无法接受，她要他陪去逛街但又不买东西，认为这是浪费时间。"如果我们是朋友"，你会和阳辉一起坐下来看球赛，也在精彩的时候和他一起呐喊，你会和诗雨一起逛街，并对流行服饰品头论足一番。

伴侣要能像朋友一样，愿意去尝试参与和投入对方喜欢的活动或兴趣爱好，或者至少能做到尊重和支持对方去做他想做的事，千万不要"我不知道你为何要花那么多时间和你那些朋友在一起"、"我不喜欢看那种比赛，你自己去吧"、"为什么不做我喜欢的事情，而是要迁就你"。当你喜欢他所喜欢的，他也会喜欢你所喜欢的，陪伴他做他想做的事情，他也会乐意陪伴你做你想做的事情。

成为他最大的帮助和支持

《圣经》有句话说："弟兄为患难而生，朋友乃时常亲爱。"我们遇到生活或工作的难题时，常会想到朋友，因为他们总能无私地在你沮丧悲伤的时候给你安慰，在你工作或事业获得成就的时候为你鼓掌，也能在你感到不知所措和犹豫不决时给你意见。

学林听到冰冰抱怨工作辛苦和上司难缠时，感到很烦躁，说"既然这么辛苦，干脆就辞职不要做了"，因为他觉得她在抱怨的是他没有能力让她过更好的生活；当学林提到最近公司要他负责一个重要的项目，自己也希望能好好表现，所以需要加班和晚上有些时间独处做些整理，冰冰就显出一副不耐烦的样子，说"你干脆和你的工作结婚好了"。

如果你们是朋友，你会听冰冰发牢骚，一起骂那个难缠的上司或懒散的同事，你也会为学林感到高兴和骄傲，拍拍他的肩膀为他加油。伴侣要成为彼此之间随时的帮助和最大的支持。

给他更多和完全的信任

我们不得不承认现今时代的伴侣彼此信任的基础非常薄弱，别说"同生死、共患难"，还没等大难来时就已然劳燕分飞。在这样"包二奶"成为时尚或炫耀的社会氛围里，确实，伴侣相互忠诚承诺和完全信任受到极大的挑战，然而，内在的不安全感和害怕失去引发的猜疑和控制，对伴侣关系更是毁灭性的破坏力量。

伴侣要能做一辈子的朋友，不仅彼此愿意给予对方完全的信任，也愿意做出值得对方信任的行动。伴侣需要建立安全依附的关系，就是那种我知道你是值得我信赖和依靠的，以及我们的关系是持续和坚固的，努力并没有任何借口地珍惜和维护两人关系，不会让任何人或任何事情成为阻碍或破坏，不容许任何"病毒"侵入你们爱的系统里面，并能在安全和稳定下运作和升级。

一起打造共同理想图像

伴侣的结合应该是一加一大于二，能够使两人的生命更加丰盛。《圣经·创世记》里有段写实的描述，上帝看到亚当在伊甸园里孤单一人，就说："那人独居不好，我要为他造一个配偶，帮助他。"并用亚当的肋骨造了一个女人，亚当对她说："这是我骨中的骨、肉中的肉。"所以，伴侣是彼此帮助、扶持，活出更美好的人生，而不是彼此折磨、毁坏，使人生变得悲惨。

伴侣最害怕的是两人就是平淡地过生活，对未来没有任何理想或目标，这样的伴侣生活会变得没有热情和盼望，还有就是两人对未来的理想生活的期待有很大的差异，有种"道不同"的感觉。伴侣要像朋友一样，共同的想法或理想才能使朋友走在一起，伴侣要对对方内心的梦想或人生目标感兴趣，并提供鼓励和支持，进而创建属于两人的共同理想或梦想，也期待和他共同努力和享受成果。这理想可以是到哪个地方去旅游或探险、创办自己的事业、学会某种才艺、培育孩子学习和成长等。伴侣要有共同的理想图像，或者是存在对方的理想图像里面。

保持健康的关系界限

朋友的自在心态是来自于彼此尊重对方是一个完整和独立的个体，相互有着紧密的情感连结和归属，同时存在着健康和合理的界限。伴侣在两人生活当中，也要能接受对方能够有他自己的时间和空间、他的想法和价值，以及他拥有的工作事业、兴趣爱好和社交活动，不是每件事情都要绑在一起，或要求一定要是一样的。当然，个人独处时间和伴侣相处时间要取得平衡，也要对于造成冲突的差异能做出协调。

　　红英对待另一半就像对待小孩一样，紧迫盯人似的追查他的行踪和周围的朋友，也对他的工作和做事的方式做出"指导式"的批评，逼得他下班后要和朋友小聚一下都要骗她是需要加班。这样的过度涉入行为，常会使对方喘不过气来，有种想要逃开的念头。伴侣需要学习适度地"放开"，让两个人各自独处或在一起时都感到安全和自在。同时，也能使自己更加成熟健康，能够为自己的幸福负责任，而不是要对方为你负责或过度依赖对方。

> 伴侣要能在人生当中确实活出朋友相爱的样式，充分体现分享、参与、支持、信任、理想和界限的六个优质元素，使伴侣关系更为融合、丰富，不再是依靠激情，而是超越激情的真实且久远的爱。

学会宽恕，爱才能永不止息

为了使伴侣的爱能更加成熟和恒久，双方都要能协调差异、包容缺点，更要在爱里彼此宽恕错误和伤害，"爱是不计算人的恶"，小到一句批评的话、忘记对方生日，大到一夜情，唯有真实宽恕才能放开过去、翻到新的一页，重建伴侣亲密关系。

家美和老公在朋友的面前是一对亲密的伴侣，在他们结婚两周年的日子，家美满心期待老公会安排精心活动和礼物，但老公却告诉她，他那天临时有要事要到外地出差几天，家美心里感到十分沮丧和愤怒，把过去积累的不满也一起爆发出来，老公无法理解她为何反应这么激烈，晚上，家美更无情地拒绝了他的性爱邀请，接下来，持续几周时间，两人僵持冷战，彼此不说话，对对方也视而不见，家美心里甚至有想要分开的想法。

宽恕是关系重建的开始

伴侣在不愉快事件里伤害对方或受到伤害，唯有双方真实地宽恕对方，才能使伴侣在婚姻关系中重新得到希望和力量。当一方或双方停留在感到自己是被伤害、被欺骗的阴霾和怨恨里，常会有意识或不自觉地对另一半怀着敌意和愤怒，进行好像永不休止的批判和指责，对伴侣关系的复合形成阻碍。如果家美和她老公都能意识和承认自己的问题和责任，并愿意做出承诺和实际改变，就能开始新的关系，将更多时间和精力放在关系改善和重建上，而不是不断地翻旧账。

"宽恕行动"是伴侣在伤害后关系复合的必要任务，当你能宽容另一半因为错误行为带给你的情感伤害，并选择放弃继续背负着怨恨的重担，宣示新的人和新的关系，帮助你和另一半走出过去的泥沼，开始新的生活，这样才能带给你们的婚姻和家庭信心和希望。

愿意宽恕最先获得益处的是你自己，再来才是伴侣关系。首先，做出宽恕能减缓你内在的愤怒和悲伤的情绪，当你情绪较为缓和时，你才能对你自己和另一半有合理且客观的判断和评价，并进一步肯定对方还有的优点和正面动机，也能同情对方的缺点，如家美能看见老公在工作上的负责任态度以及为家庭经济做出的努力；其次，做出宽恕使你自己获得释放，从仇恨的桎梏中跳出来、获得自由，而不是一直被怨恨和仇恨所控制；再其次，做出宽恕能带来你们新的关系的开始，拆掉中间隔绝你们的墙，给自己和另一半一个重新努力的机会。

真实的宽恕才能带来释放

在一次激烈的冲突里，老公因受不了凤英的批判和讥讽，在盛怒下将她推倒，凤英的头部撞到桌脚，顿时鲜血直流，老公一时吓呆，回过神后将她送到医院治疗，事后他感到十分懊悔，但凤英却觉得他是故意的，心里一直想着"我这辈子永远不会原谅他"、"他有一次动手，以后还会这么做"，一直活在怨恨当中，坚决提出离婚，使两人关系走到尽头。

茉莉和老公结婚五年，彼此关系还算亲近，她在情感上非常依赖老公。

老公在一次出差时和女同事发生了一夜情，被她发现之后，老公表示那根本没有什么，只是玩玩而已，茉莉不想放弃这段婚姻，也就选择不再追究这件事情，但后来发现老公仍继续和这位女同事持续交往。

做出宽恕之前需要了解真实宽恕的意义，像凤英的不愿宽恕、茉莉的过快宽恕，都不算是真实的宽恕。有人会天真以为宽恕就是无条件地原谅对方、忘记过去所有一切，或者从此不再提以往的事，其实，真实的宽恕是需要具备某些条件的，即使是基督教所提到的上帝的饶恕，也是因应着人愿意认罪悔改。

宽恕可分为两种类型，其一是"肤浅的宽恕"，就是受伤害的一方过快地或表面地宽恕对方，伤害者根本还未或不愿承认错误或责任，就像茉莉所做的那样，肤浅或过快的宽恕对关系重建不仅没有意义，且会带来更为严重的负面结果，伤害者可能会认为他即使再犯错也无所谓、另一半拿他没有办法，他再次犯错的机会就会很高。

另一种宽恕才是对伤害后伴侣关系重建较有帮助的，那就是"真实的宽恕"，伤害者或双方能够察觉并承认对另一半的伤害，并真诚做出道歉，同时承诺改变，而受伤害的一方愿意因为爱的缘故接受道歉并宽恕对方。

真实宽恕是回应悔改和承诺

真实的宽恕是被伤害的伴侣一方回应伤害者的悔改行动。伴侣在伤害事件之后的宽恕行动需要符合以下四个条件，才能带来省思和改变。首先，是回应另一半的悔改，当伤害者承认错误和愿意做出改变时，被伤害者才愿意接受道歉和重新接纳对方，而不是伤害者觉得无所谓或表现敷衍了事的态度，甚至根本不承认自己的问题。其次，是伴侣双向行动，在伤害事件或冲突过程中，通常伴侣是相互伤害、批判和指责的，所以，双方都需要针对自身的问题和责任做出悔改和寻求对方宽恕，而不是认为都是对方的错。

再其次，是做出改变的承诺，伤害者或双方愿意做出承诺，改变自己的态度和行为，特别是针对引发伤害的问题或原因，积极地做出自我约束和改变，也愿意对伤害做出实际或心理的补偿，而不是只有口头的，没有实际行动的承诺。最后，是伴侣关系重建的转折点，宽恕表明两人愿意重新开始并为婚姻和家庭做出努力，是重建关系的开始，并且需要一段努力的历程，而不是代表结束，以为道歉就了事，或者认为宽恕就解决了所有问题。

在遭受最亲近的人的情感伤害后，要接受道歉和做出宽恕，有时内心会充满矛盾和挣扎，心里可能会想"我一辈子都没有办法原谅他"，使双方的关系陷入一种僵局。造成无法宽恕对方的情况可能有几个原因：第一，你没有看到对方的悔改和实际行动；第二，你只将问题归因于对方，认为都是他的错误而无法原谅他；第三，你认为如果你原谅另一半，他可能会使再重复同样错误的行为，所以，要让他一直活在愧疚和被谴责中；第四，你一直回忆和强化你自己受到伤害的情景和情绪，不断加深你内在的怨恨，以致无法放开过去。

真实宽恕的五个行动

我们要强调的是真实宽恕绝对不是笼统或模糊地说声"我错了"，它需要有一个完整的过程，也就是说要按照严谨的程序进行，使这宽恕的行动充满真诚、情感和承诺。所以，双方需要事先缓和情绪和做出心理准备，选定一个适当时间进行宽恕的仪式，预备一至二小时的完整时间来进行，可以选择在家里或其他安静的地方。伴侣轮流扮演寻求宽恕者和给予宽恕者，建议伤害者先扮演寻求宽恕者，逐步按照辨识行为、承认错误、寻求宽恕、做出承诺、进行宽恕等五个步骤进行，结束后，进行交换，由另一方扮演寻求宽恕者。

步骤一：辨识行为

双方在仪式前各自先整理和写下自己期待寻求对方宽恕的错误行为，这些行为可能是你使用暴力伤害对方身体和情感、一夜情破坏对关系的忠诚。要记得，不要使你的道歉成为再次伤害，不用重述行为的细节，例如，你曾经用粗鲁的言语辱骂或贬低对方，只要说："我用不适当的言语伤害了你"，而不是把那些辱骂的话再说一次。

步骤二：承认错误

寻求宽恕者需要向另一半真诚地表述和承认自己的过错，以及这些过错对另一半、婚姻和家庭所造成的伤害或影响。所以，承认错误需要符合两个重要条件，首先是你要具体承认在婚姻危机期间里的过错，如"我向你承认……"，其次是你要真诚地承认你造成的对另一半的伤害，如"这些行为对你……"。

步骤三：寻求宽恕

寻求另一半对于自己错误行为做出宽恕和原谅，这是伴侣之间善意的表达和互动，而不是表示你是在求饶或乞怜。这时，寻求宽恕者愿意以真诚的态度表达期待另一半的宽恕，如"我真心期待你的宽恕……"。

步骤四：做出承诺

面对自己在伴侣关系里所做出的伤害对方或破坏关系的行为，承认错误和寻求宽恕仅是善意的表达，更重要的是真实地针对这些伤害或破坏行为，做出改变或补偿的承诺，并且按照承诺去做。对于自己承诺去做的行为，你可以这样表达："我承诺在未来婚姻和家庭生活里，我要……"，如对婚姻忠诚、关心家人、承担家庭责任等。对于你承诺不去做的行为，你可以这样表达："我承诺在婚姻和家庭生活里，我不……"，如不使用暴力、不隐瞒对方等。

步骤五：进行宽恕

我们提到伴侣彼此宽恕行动是双方互相表达善意和做出改变的正面行动，伴侣双方要有正面的回应和反馈。当一方寻求宽恕时，另一方需要做出回应，就是能表明愿意宽恕对方，接受对方的道歉和承诺，这样，才能使双方的爱和情感重新联系起来，如"我愿意宽恕你，并和你一起为我们的婚姻和家庭做出努力"。

伴侣关系里的情感伤害就如在双方中间筑起一道高墙，阻碍两人的亲密和激情，逐渐变得疏离和冷漠，在爱里彼此宽恕，能拆毁这中间隔断关系的高墙，使情感重新连结。《圣经》有句话说："你们要以恩慈相待，存怜悯的心，彼此饶恕。"伴侣唯有学会恩慈相待、彼此宽恕，才能使爱永不止息。

幸福资本的五大杀手

伴侣幸福与否不在于一时浪漫或贵重礼物,而在于每天积累的幸福资本是丰富或匮乏,它随着伴侣每天生活和情感互动不断变化,相互尊重、欣赏、鼓励、安慰的好习惯是做出存款,然而,唠叨、命令、比较、猜疑和威胁这五大杀手则是做出取款,侵蚀和破坏伴侣亲密关系,你需要觉察和停止这些恶习。

伴侣在每天生活相处当中,可能因自己的性格和习惯,常不自觉做出一些让另一半感到厌烦甚至厌恶的行为,这些行为所造成的小困扰,虽然没有像外遇或肢体暴力这些问题一样带来一时重大的冲击,然而,他们就像温水里煮着的青蛙,会逐渐抹煞原来的好感和美好的经验,转变成负面观点,关系也会逐渐疏离、冷淡到冰点。接下去,我们将探讨女人最常做出的让男人感到厌烦的坏习惯,你可以检视自己是否有这些行为,并根据建议做出有效的改变行动。

第一名:唠唠叨叨

女人在生活中常对男人使用 α 指令,即讲某件事情时同时会说一大堆和想要表达的事情不相关的东西。宜民回到家里顺手把脱下的外套放在沙发上,换来的是另一半长达十分钟的训斥,"告诉你多少次,不要把衣服放在沙发上，外面多脏，你不知道你的衣服上多少细菌，你明明知道小宝还小、抵抗力很弱……"，她用的不是简洁的 β 指令，如"老公，请你现在把脱下来的外套拿到房间挂起来"。女人的唠叨常会把男人逼迫得烦躁、厌烦，甚至发疯。

女人会唠叨往往是过度关注对方，或者把他当作是小孩子，觉得他不会照顾自己，需要不断叮咛。男人耳旁时常响起这些声音，如"你看你又这样，到底要和你讲几次，你才听得进去"、"你要记得……，不要又忘了"。男人通常选择忍受和不回应以免换来更多唠叨，如果刚好遇到他工作不顺或压抑的怒气爆发，便会不耐烦地回应你"你到底要怎样"、"你说够了没有"、"拜托你，让我清静一下"。此时女人会觉得委屈和愤怒，也不会善罢甘休，男女战争就此开始。

你要知道大部分男人不会像女人那样注意生活细节，口头答应但往往容易过一段时间就忘掉，所以你只要讲重点，简洁地告诉他你希望他能做什么或如何做，省略其他让他觉得被批评或否定的话语。男人感到厌烦的是这吵闹的情况和他期待的温暖、轻松的氛围相差甚远。这些琐碎事情和话语让他耳根不得清静，增加他的心理压力和焦虑感，变得不耐烦、易激怒。你可以学会容忍你们生活习惯的差异，或者对他讲明确的事情，不要认为"我只要再多说一句，他就会明白"，其实他心里在想"你只要再多说一句，我就会疯掉"。

第二名：命令要求

大部分男人不喜欢被呼来唤去，好像把他当作慈禧太后旁边的小李子。

文斌最无法忍受的是另一半总是用强势态度和命令口吻，告诉他该如何，现在去做什么，对他颐指气使，像是总司令对小兵一样，不仅是在家里会这样，有时候，在他的家人或朋友面前，她也是这么做，让他觉得她不尊重他的感受和自尊。

许多女人会学自己母亲对待父亲的样式来对待老公，变得掌控和强势，让男人感到失去自我，没有机会表达他的想法和意见，尤其是在其他人在场时仍然不给他留任何情面，伤害到他的人格和自尊，这样的认知不仅影响情感关系，使亲密的交流和互动越来越少，更会影响他对你的性欲望，甚至变得没有性欲，他可能把你想象成像母亲、老师、女领导那样的权威人物，这是在伴侣性咨询中常见的导致男人性功能障碍的因素。

俗语说："一句话让人笑，一句话让人跳。"在伴侣互动行为里，脸部表情和讲话声调是最为重要的，能表现出你的内心态度，对着另一半讲话时，能带着温和表情和适当微笑，也要使用温和且肯定的语气。你要重新编辑表达方式，首先是做出邀请，使用"你可不可以……"、"请你……，可以吗"的语句；其次是弹性的，使用"我希望你能"、"我希望你可以"这样相对式语气，要比"你应该"、"你必须"、"你一定"这样绝对和命令的语气要好得多。

第三名：比来比去

女人习惯会拿另一半和别的男人做比较，或用夸耀别人来贬低自己的男人，这是犯了男人最大的禁忌，就好像在告诉他"你不如别人"、"你是不行的"、"你让我感到没面子"。子平的另一半爱比较的习惯已经让他到了无法忍受的地步,如"你看人家两年就做到经理,你到现在还是……"、"你看人家对他老婆多好,每年都带她出国旅游"、"你看人家一个月拿多少工资,你呢",这些比较的话语让子平感到被否定、不被欣赏,让他感到沮丧和缺乏安全感。

有些女人几乎什么都可用来比较,老公的身形外貌、住多大的房子、开什么样的车子、孩子读什么样学校、老公买什么样婚戒,好像永远都处在不满和抱怨的状态。虽然,有些女人是想要用这样的方式刺激另一半更加努力,但往往适得其反,只让他觉得自己不被信任和爱慕。男人会感到十分不解,"你对我这么不满意,为什么当时要和我结婚",这时候,有的女人还会无情地说"是我当时瞎了眼才看上你",让他更感到厌恨。

有些女人无法理解她只是称赞别的男人,为何他的男人会莫名盛怒,她还没自觉已踩到男人的地雷,他会觉得你是在说"别人行,你不行"、"别人好、你不好",这算是男人的嫉妒心理吧!不过你可试着想想,如果另一半拿你和别的女人做比较或称赞别的女人,例如,哪个女明星多性感、哪个女同事多有气质、哪个女领导多能干,你的感想如何?所以,你要先看到和珍惜他已经拥有的优点,会让他更有力量为你的幸福做出努力。

第四名:疑神疑鬼

女人爱猜疑会破坏或毁灭伴侣的信任感,使双方陷入焦虑不安的状态。元良觉得另一半非常莫名其妙,常没理由地想象和怀疑他和其他女人搞暧昧或有性关系,例如,他因加班或路上塞车晚了些时间回到家、朋友或同事聚会场合有女性参加、和女同事一起出差、和女客户开会等,她都会在没有任何合理证据的情况下就猜疑，两人常会因为这类事情纠缠不清和大吵大闹，另一半甚至不让他出差、到公司去吵闹，或打电话给他的女同事求证，使元良无法继续在这家公司工作。

女人不合理猜疑可能是缺乏自信和不安全感导致的，当另一半不在身旁或对她较少关注，她便会变得焦虑、开始疑神疑鬼，就像特务一样开始偷偷翻看他手机的通话或短信记录、手提包是否有可疑东西等。这样的情况会使伴侣关系开始产生恶性循环，一开始是怀疑，接下来双方发生争执和冲突，双方变得疏离或一方选择逃避冲突，关系的疏离和恶化使女人更加猜疑，又产生更多冲突。猜疑也可能使外遇弄假成真，当男人还没外遇或只是对某个女人有些好感时，可能因为伴侣关系冲突或不满意，反而开始寻求与其他女人交流、倾诉或情感慰藉。

所以，女人要厘清自己的猜疑是否合理？引发你过度猜疑的原因为何？是过去的创伤经验让你变得敏感，或者是你多疑的性格使然。当你能先增加对另一半合理的信任，看到他值得信任的地方时，才会增加自己对伴侣关系的安全感，才能看到他表现出哪些态度或行为，或者他拥有哪些性格或品格，是值得你对他信任的。

第五名：威胁恐吓

"我们离婚算了"、"我不想和你再过下去"、"我没办法忍受这样的生活"，有些女人在争吵或愤怒时，常把离婚、分手挂在嘴上，这样的情况让男人一开始感到焦虑不安，久而久之就变得厌烦。志明常被另一半弄得心神不宁，只要有不顺她意的地方，不是扬言离家出走、要他开始写离婚协议书，就是"一哭二闹三上吊"，威胁他"我死给你看，让你后悔一辈子"。志明对她几近疯狂、歇斯底里的行为感到恐惧不安，整个家庭笼罩在极度焦虑里。

其实，这样的行径严重破坏伴侣情感和关系，让两人的互动变得扭曲和纠结，除非你已经想好和做出决定，不然不要以离婚或分手作为手段，这只会徒增他的不安全感、放弃对改善关系的努力。

男人遇到伴侣或家庭问题大都期待双方能够冷静理性做出讨论和沟通，太快争吵或情绪化行为，会使他无法因应，做出逃避和放弃，你可以把你们要讨论和解决的问题条列出来，选择适当的时间，轮流表达你们各自的想法和感受，并协调和制订解决的行动，而不是以威胁来激化冲突。

> 你需要确实远离这五大幸福杀手，能以真实的爱对待彼此，细心地感受另一半的内在情感和需求，使你们每天的相处都是轻松自在、温暖甜蜜的，积累你们的美好经验和幸福资本。

亲密的情感

EMOTIONAL INTIMACY

创造幸福时刻为爱情加温

唯有爱慕才能维系情感

心灵契合,学做神仙伴侣

七种爱的话语

融化男人冷漠的心灵

创造幸福时刻为爱情加温

幸福时刻是让伴侣倍感爱和温暖的特别时刻，可能只占伴侣生活的5%，却比其他95%的平常生活更能唤醒内在幸福感。伴侣唯有不断添加幸福时刻，才能使爱火持续燃烧，为你们的爱情加温，不至于变得不冷不热。

在带领夫妻成长团体或进行婚姻咨询时，我常邀请伴侣进行"婚姻线"活动，要伴侣在预备好的图表上点出他们在婚姻里感到幸福的时刻和具体事例，越多越好，横轴为时间指出他们从认识、恋爱、结婚到现在，纵轴为感到幸福程度。往往会发现有些伴侣能很快找出许多属于他们的幸福时刻，但也看到有些伴侣苦思良久才勉强挤出一两件。如果要你找出你们的幸福时刻，对你而言是容易或困难？你能想到多少这样的时刻？

别让婚姻变得不冷不热

幸福时刻的多寡对伴侣关系满意度是最为重要的指标。伴侣拥有更多感到幸福、值得珍惜的美好经验，是婚姻维系和情感满足的重要力量，在关系重要时刻也发挥正面效用，如两人发生重大冲突、因婚姻危机考虑复合或分离时，当伴侣想到这些幸福时刻会使他们做出对婚姻更有帮助的努力，而不是很快地放弃。但如果生活是乏善可陈的或回忆里都是痛苦和怨恨，那就很难有挽回和改善的力量。

许多伴侣生活过了保鲜期就会很快变得平淡无奇，甚至认为这是理所当然或无法避免的结局，两人变得只是一起"生活"着，似乎找不到值得喜悦或夸耀的地方。虽然每天的生活是要过的，但如果只剩下平淡生活，缺少乐趣、浪漫、惊喜的时刻，就很难激起幸福的浪花，使婚姻变得不冷不热，亲密和激情成为了历史名词。其实，这才是伴侣关系最大的危机，所以伴侣需要经常创造幸福时刻为爱情加温，才能找回起初的爱。

创造幸福时刻的四公式

许多伴侣罹患"爱无能"的症状，特别是男人，不知道如何向亲爱的人表达爱和温暖，有时甚至是适得其反。让强子不解的是，他经常加班、努力工作赚钱，是为了让另一半和孩子过上更好日子，但另一半却经常不满和抱怨。其实，"爱是满足对方的需要"，创造幸福时刻要先感受和理解另一半想要什么，并遵守以下四个公式，才能把真实的幸福带给对方。

公式一：投资时间＞投资金钱

有句话说得好："金钱可以买到好的床，但买不到好的睡眠。"婚姻也是这样，金钱可以买到豪华婚礼，但无法买到幸福婚姻。幸福时刻往往不需要花费太多金钱，但一定需要你花时间投入，愿意关注和陪伴他，在他喜乐时和他同喜乐，在他悲伤时和他同悲伤；愿意放下所有事物和他共度人生的重要时刻，如他的生日、生病时的陪伴，耐心地花一小时倾听他诉说委屈或痛苦，要胜过一克拉钻石。金钱往往无法买到人生最为宝贵的东西，那就是爱和生命。

公式二：主动给予＞被动应付

常会听到许多伴侣抱怨对方："你为什么不早点告诉我，你想要什么或希望我怎么做。"男女都会希望另一半能主动感受并给予他/她想要的东西，虽然，我们希望伴侣能更真诚开放地告诉对方自己期待对方或一起做些什么，但创造幸福时刻，你能主动且乐意给予比被动或应付要强得多。男人会以"我比较迟钝"或女人会以"我忙着孩子和家庭"为理由忽略对方，其实，你只要用点心思就能感受到对方的情感和需求，就像在恋爱时你所做的那样。

公式三：对方优先＞自我优先

《圣经》谈到夫妻关系有句话说："你们各人都当爱妻子，如同爱自己一样。妻子也当敬重她的丈夫。"指出男人对女人要疼爱、女人对男人要尊重，并指出这爱是无条件、奉献的爱，因此创造幸福时刻就是要把对方和他/她的需要看为最重要的，而不是次要或心有余力才去做的。给予另一半爱和幸福永远不是个选项、而是责任和承诺，不要剥夺或牺牲另一半应该从你那儿获得的幸福。爱是先想到对方胜于想到自己，在另一半需要你的时候能放下自己的利益，无论是你的工作事业、朋友、兴趣爱好，甚至是孩子。

公式四：感到惊喜＞平淡无奇

幸福时刻要能让对方感到惊喜、兴奋或感动，从内心深处感受到你的爱和温暖，是甜蜜和幸福的味道，如安排属于你们两人的约会、在周末早上准备好对方喜欢的早餐并送到床边、买他/她喜欢的音乐会或演唱会的票并陪同。幸福时刻不是每天例常的或平淡无奇的，因为这样无法唤醒对方的幸福感。而且，要让对方感到幸福也不一定要是豪华旅行或贵重礼物，而是能有创意地表达出你的真诚情意，触动对方内在情感和心灵，比如你亲手下厨做的羹汤要比外面的奢华缱宴更能使对方倍感幸福。

增加你对幸福的感受力

每个人对幸福的感受力有所不同，有些人很容易被对方的付出所感动，并懂得珍惜和感激，但有些人却很难被取悦，经常抱怨对方做得不够多或不够好，如此完全忽略和否定对方的付出和努力，只看到对方不足的态度，最后可能连你还有的也会失去，因为"凡有的，还要加给他；没有的，连他所有的也要夺过来"。伴侣要学会欣赏和感激对方所做的任何努力，即使是微小的，这样做会使对方对创造幸福拥有更大的信心和力量。

高齐抱怨说，宁愿打死他，他也不想和另一半再去旅行或安排两个人的活动。他原先非常用心地计划和安排他们的幸福活动，但无论是去旅行、观看表演或到高级餐馆用餐，另一半总是不断地抱怨，这个不好、那个太差，甚至乱发脾气，嫌他不够体贴、动作太慢，破坏原来期待的美好时刻。也许高齐是有做得不够好的地方，但唠叨和抱怨只会使人感到灰心丧气，觉得自己吃力不讨好，干脆放弃不做。所以，你要在幸福时刻学会感动和感激。

对于另一半所做的每件让你感到幸福或美好的事情做出正面反馈，你能用言语或文字表达感激，包括他所做的具体事例、带给你情感的满足，这样的认同和鼓励会使男人觉得他的努力付出都是值得的；其次，也要能学会"你们愿意人怎样待你们,你们也要怎样待人",幸福时刻需要伴侣二人共同创造和共同享有,当你能先为或也能为对方创造幸福时刻,往往就能引发他更多发动幸福的创意和动力。

共谱你们的人生幸福时刻

幸福时刻是需要你和另一半用心去掌握和创造的,并且在你们的生活里不断添加,才能使幸福感延续到永恒,以下七个时刻是值得伴侣经营的幸福时刻。

时刻一:软弱时刻

一个人在身体病痛或生活挫败的身心软弱时刻,最需要他人的关注、陪伴和照顾。你能在另一半生病或住院时,耐心地照顾他;当他感到受伤害、沮丧、疲累或负担很重时,紧抱着他和说些表达真实的爱和关心的话。在对方身心软弱时给予他细致照顾以见证"患难见真情",而不是忽略或感到不耐烦。

时刻二:抉择时刻

支持他人生的重要决定,当他在做一些重大决定的时候,你能热诚地给予支持和合作,如转换工作、投资或读个学位等。让他知道当他需要做一些决定时,你相信他能做出正确的决定,也愿意完全支持他,当然这决定要是合理的。同时,要记得在别人在场的场合,不要和他唱反调。

时刻三：节日时刻

和他计划和欢度你们或对方的特别节日活动，重要节日的意义和价值是超过其他时间的。如你们各自的生日、结婚纪念日、孩子的生日、春节等，你都会乐意和他一起度过，并做些特别的安排，如预备有烛光和柔和音乐的晚餐、送给对方表达爱意的小礼物，或写张卡片或情书表达你的欣赏和爱意。

时刻四：喜乐时刻

旅行让伴侣离开例常生活和工作，在轻松愉快的氛围里创造欢乐，这是在平常生活中无法获得的。一起计划属于你们两人的旅行或二度蜜月，去对方或你们感兴趣的地方，放下你所有的生活琐事，表现你和他在一起是快乐和喜悦的。你也可以对他的兴趣表现真诚兴趣，如和他一起观看或参加运动活动等。

时刻五：激情时刻

安排一个属于你们的激情夜晚，能和最为亲爱的人尽情享受性爱是幸福的，对男人更是这样。让你们的性爱更有创意和不一样，适当对他玩弄或调情，穿他喜欢你穿的睡衣、使用他喜爱的香水，在性爱活动里有时表现主动来激起他的兴趣，以及表现你更为投入的一面。

时刻六：惊喜时刻

在对方没有预期时安排并带给他一个惊喜，如达成他所暗示或未说出来的愿望，或者他所提出的特别要求；在平常早上出门时，写表达爱意和想念的字条、卡片或短信息给他，这会让他一整天都感到快乐；平常日子买礼物送给对方，反而能带给他惊喜，如巧克力、他喜欢的音乐CD、他喜欢吃的零食。

时刻七：欣赏时刻

受到最亲密爱人的欣赏和爱慕是最为幸福的。在他获得工作成就或荣誉、对家庭做出贡献时，用爱慕的眼神看着他；每天或经常让他知道你欣赏他和所欣赏的事情；当你遇到生活或工作问题时，询问他的意见和经常照着他的意见去做；向别人夸奖他的成就，告诉他们，他是多么棒的老公。

> 我们不期望伴侣每天都像电视剧里演的那样爱得轰轰烈烈，但也不能平淡到像白开水。伴侣要能掌握生活中的特别时刻并共创幸福，软弱时的照顾陪伴、抉择时的认同支持、节日时的真爱表达、喜乐时的共享欢乐、激情时的完全投入、惊喜时的创意表现，以及欣赏时的爱慕话语，只有拥有这些，才能不断地微加幸福。

唯有爱慕才能维系情感

当伴侣之间存在彼此爱慕的情谊，会更乐意为另一半的幸福做出努力，也会对另一半产生更美好的性想象和渴望，在大难来时才能做到不离不弃，能够共同面对生活和关系里的种种危机。

伴侣的爱慕之情往往随着时间而呈现明显的衰退，如果你问恋爱中的情侣或新婚伴侣"你爱慕另一半吗"，回答肯定的应该会有八九成，如果你问已经结婚或在一起三到五年的，可能剩下不到一半，如果你拿这个问题去问已经结婚十年的伴侣，可能他们会认为你疯了。

确实，要每天朝夕相处的伴侣仍能维持彼此爱慕之情是件高难度的挑战，随着两人相处时间越长，起初的喜爱和欣赏的情感，往往被不断浮现的缺点和冲突所取代，使得原来的正面情感和观感越来越少，负面的情感和观感却不断扩大，可能到最后，变成对彼此一点好感都没有，过去美好的回忆也完全被抹煞。

爱慕不仅是喜欢、好感，而是更为强烈的欣赏、吸引和渴望。你们彼此爱慕吗？我们将从十个爱慕的具体表现来检视你对另一半或另一半对你的爱慕程度。对于每个问题回答你自己的同意程度，分数从1到5，5表示非常同意、4表示很同意、3表示同意、2表示有点同意、1表示一点也不同意。

- 当你们不在一起时或分别一段时间后，你会想念对方？

- 你会尊重对方的想法和意见，即使和你的不一样？
- 你会想要亲近对方，拥抱和亲吻对方？
- 你觉得另一半是性感或有吸引力的？
- 你认为你们的关系里充满浪漫和激情？
- 你会经常以另一半的表现和成就为荣？
- 你真心地欣赏另一半的特质、能力或外表特征？
- 你会以另一半是你的伴侣而感到高兴？
- 你会以言语或行动表达你对另一半的爱意？
- 你乐于看到对方，和他在一起是愉悦和兴奋的？

把每题所得的分数加起来，总分在 10~50 分之间，代表你对另一半的爱慕程度。分数在 40 或以上为强烈的，分数在 30~39 为一般的，分数在 20~29 为轻微的，20 分以下为不足的。

唯有伴侣对另一半和婚姻还有正面的看法，彼此还有爱慕之情，才能产生维系情感和创造幸福的力量，当出现重大冲突或危机时，伴侣才会有力量去抵抗，才能做出真实的宽容和改变，而不是很快地放弃或只想到自己。所以，伴侣需要为激起和增强彼此的爱慕之情做出以下的努力。

寻找优点胜于扩大缺点

爱慕是从懂得欣赏对方的优点开始的。有句话说："没有人拥有所有优点，也没有人一项优点都没有。"只要能放下内心的不满和敌意，你就能看到另一半还是有一些值得你欣赏和肯定的地方。欣赏往往能丰富地表现出你对另一半的信任、认同、肯定和感激的情感，能把二人原本疏离的心再重新连结起来,觉得彼此在对方的生命中是重要的和有价值的,而不是"一无是处",同时,欣赏能为伴侣二人唤醒和注入更强大的心理动力去积极表现更多值得对方欣赏的地方,有那种"我不能辜负你对我的欣赏和信任"的感觉。

然而,在最亲密的伴侣关系里,两人却往往吝于去赞赏对方,反而较容易看到不满和不足的地方,如不够体贴、不够浪漫、不懂关心、不爱干净、没责任感等,许多伴侣把所有时间和精力都用来批评、指责和否定对方,自然产生反感、厌烦,甚至是嫌恶的反应,更不用说有何爱慕之情。

当伴侣开始这样的欣赏行动往往会让人感到惊讶和惊喜,做出欣赏的一方发现和体会到另一半还不错,而被欣赏的一方也会充满喜悦,甚至可能是他第一次听到另一半欣赏的话语。你可以欣赏另一半的特质、能力、外表特征、成就、生活习惯等,例如,动作非常优雅、很有时尚感、思考和判断能力很强、很有计划能力。同时,伴侣各自也要做出值得对方欣赏的行动表现,例如,当另一半希望你是体贴的,他心情低落时,你可以坐在他身旁或拥抱他,倾听他的谈话。

创造共同胜于强调不同

伴侣有更多的共同感才能维系爱慕之情。《圣经》有句话说:"你们要离开父母,二人成为一体。"就是伴侣要能离开原生家庭和父母的影响或涉入,包括心理和情感的依赖,而开始建立伴侣二人更多的共同情感、价值、信念、理想,当伴侣能发现和创造更多他们在生活和生命里的"共同的地方",

就能使二人产生更强的共同感和归属感，形成爱慕的情感和亲密的互动，"我们是一致的"、"我们有共同的"，这样的信念能使伴侣更为"同心合意"。

许多想要离婚的夫妻他们的不满或抱怨往往是："我们个性不合"、"我们想法差异太大"、"我们没有共同兴趣"、"我们想要的生活太不一样了"，当这些不同或差异没有获得协调或过度强调，往往会导致负面观感加剧、关系越来越疏离，所以伴侣也要对双方存在的差异做出协调，或尽量减除差异所造成的影响或伤害，达到更多共同和共通的地方。

哪些是伴侣在生活或生命中要达到共同和一致的呢？伴侣能在以下这十个方面建立共同或达到一致，将有助于增加彼此的爱慕，依序为：共同的人生信念或价值观、对未来共同的理想和目标、共同的兴趣爱好、家庭角色期待的一致、情感亲密程度和方式的一致、生活方式和习惯的一致、沟通或解决冲突方式的一致、性欲望和性生活期望的一致、金钱使用或理财方式的一致、子女教养方式的一致。

回忆美好胜于翻起旧账

当伴侣拥有更多美好的回忆，彼此的爱慕之情将更为深刻，也会倍加珍惜二人的情感关系，同时带动他们更有意愿和力量去面对婚姻的问题和危机。在婚姻咨询里，我常会问正处在激烈冲突或婚姻危机中的伴侣："从相识、结合和现在，你们一起度过的生活里，让你感到美好或幸福的事情有哪些？"如果他们能很快想起和回答，表示在他们的情感记忆里还有些美好的回忆，这会启动他们对情感的信心和盼望；相对的，如果他们很难想到，或想到的尽是伤害和痛苦的经验，就发现他们对未来是无力或无望的。

　　我到过许多老外的家里去做客，让我印象最为深刻的是他们总会在墙上挂满家庭所经历过的重要时刻的照片或文字，如他们结婚时、孩子出生时、家人旅行时的照片，其实，这些伴侣或家庭共同美好的经验是维系情感的最重要的资本。你可以和另一半开始想象和记录，在你们刚认识交往时，对方给自己的第一印象或对方与众不同的地方，也可以想想在你们第一次约会时、你们决定结婚时、你们的婚礼、你们的蜜月，有哪些让你感到幸福或美好的事情。重新唤起你们过去共同拥有的美好回忆，会使你们能找回"起初的爱"。

　　伴侣要能彼此爱慕就要学会"数算"对方的好，而不是"计算"对方的坏，例如，对方带给你最大的支持、对方做过让你感到最为浪漫的事情、对方做过让你感到最为感动的事情，或者对方送给你最有意义的礼物。当伴侣愿意将更多心思用在回想和感激对方带给自己的美好事物时，会为他们彼此的爱慕加分。

正面解读胜于负面看待

　　伴侣要换上一副"正面"的眼镜来看对方，才能产生爱慕之情。虽然，不用像激情的粉丝看自己喜欢的偶像明星那样什么都是完美的、没有任何缺点的，但也不要变成看对方都不顺眼，或负面解读对方的任何行为。例如，他很疲累地回到家里直接坐到沙发上休息，你说他对你忽略和冷漠，他很兴奋地买玫瑰花或礼物送你，你又说他是不是做了什么对不起你的事。

彼此爱慕的伴侣应该不仅能容忍对方的缺点，更能"正面解读"对方的缺点，以及能看到他行为背后的正面意义和价值，如你可以解读他的"小气、吝啬"是他比较节俭和懂得理财，你可以转化想法将他的加班从"不关心你和家人"理解为"为家庭经济做出努力"，你可以看待他的"爱发脾气"是"愿意把情绪表现出来，而不是压抑或不理会"。

伴侣相处首先要能正面解读对方，对一件事情或一项行为，我们可以有许多不同的观点或做出不同的解释，正面解读就是能看到和想到另一半行为的正面意义和价值，而不是解释行为本身。例如，当另一半希望晚上自己有段时间独处，你可以正面解读为他这段时间工作压力较大，需要有自己的空间和时间放松自己和想想事情，而负面解读就是他不想和你交流，逃避和你的接触。因此，你们彼此需要看到对方内在正面、善意的动机。

伴侣爱慕的资本需要在生活中不断积累，先透过彼此欣赏优点、建立共同感、回忆美好经验和正面解读对方，重新激起爱慕之情。同时，也要在现在和未来的伴侣生活中持续以行动来增加，首先，是多些乐趣，如安排可以一起做的有趣活动、计划两个人的旅行、计划一个关于你们或另一半特别节日的活动；其次，是多些丰富，如计划一件可以一起做且对社会有贡献的事情、想一些可以一起学习的新的事物；最后，是多些爱意，如送给另一半一个表达爱意的小礼物、写张卡片或情书给另一半，表达你的欣赏和爱意。

心灵契合，学做神仙伴侣

舒婷和维纲从相识、结婚到现在有八年的时间，经济条件也越来越宽裕，买了房、也买了车，每年也会安排到国外旅行，有了孩子之后，因为两人工作较为忙碌，大部分时间孩子是交由维纲的父母照顾，他们平常也会对工作、孩子的事情进行交流或讨论，维纲在舒婷生日或重要节日会精心安排活动和赠送礼物。在外人眼中，他们是令人羡慕的幸福伴侣，但在舒婷的心中，她总觉得他们的生活中好像缺少些什么。

有了生活和情感，还要加上心灵契合

在伴侣关系里，不免会先关注生活和情感层面，譬如，两人在家庭生活中共同相处的时间、金钱的使用和分担、家务的分配，以及亲密情感的分享、表达关怀和支持。但只有生活和情感对优质伴侣来说也是不够的，因为生活往往会因为重复、缺乏新意而变得无趣，亲密和激情也会随着时间发生变化、甚至消退，就如舒婷心中所发出的声音。这就像一个圆有个缺角，这缺角就是伴侣两人在更深层次的心灵上的连结和契合，并共创生命意义和共享心灵丰富。

曼云和新荣的情况更为糟糕，他们经常抱怨和指责对方，对婚姻生活已经到无法忍受的地步，原因是新荣除了晚餐，大部分时间都花在书房打游戏，没有太多时间陪伴家人，他的理由是工作压力很大、需要放松；而曼云也不遑多让，喜欢逛街、购买衣服和皮包，新荣觉得她花销太大，买的衣服都穿过几次就不穿了。对于曼云和新荣来说，他们似乎只剩下无聊生活和辛劳工作，没有共同理想和缺乏活泼的生命，自己对生活的乐趣和热情逐渐失去，变得枯干和枯竭，而两人的爱意也因生活的贫乏和不满而消耗殆尽。

就如心理学家马斯洛认为的，人的需求是呈现层次性质的，开始是追求和获得生存感和安全感，再其次是在情感关系里获得爱与归属、自尊和尊重，最后是自我理想和生命的实现。伴侣的关系也是这样，能共同渴望和实现更深和更高层次的目标，那是心灵上的或精神上的追求。

优质伴侣是身心灵的结合

伴侣的结合就如《圣经》所鼓励的"二人成为一体"，不只是在身体或心理的层面，也在心灵层面，两人能共同追求心灵成长和生命提升，这样的身心灵紧密的结合，成为生命共同体，才能使真爱延续和永不止息。

丽雅非常怀念她和另一半刚结婚的日子，虽然那时他们的生活和经济条件较差，在狭小的生活空间，吃着简单的食物，但两人怀抱着对未来美好的梦想，彼此鼓励和支持，互相依偎和爱慕。现在生活条件好了，两人相处时间和共同话题却少了，心的距离越来越远，就只剩下"生活"，内心有种"宁可生活贫穷，也不要心灵和情感贫穷"的感触。

伴侣要能超越生活和现实的羁绊，用心经营和积累心灵资本，在深夜促膝长谈彼此内心深处最为渴望达到的目标，在黄昏时观赏缤纷的夕阳，一起阅读和分享一些启迪和苏醒人心的作品，你们会发现你们对生活、工作和关系开始会有不同的信念并赋予更高层次的意义，也提升了生命的态度和高度，会变得更能彼此包容对方的缺点或不足，甚至能把原先的缺点看为优点。那时，你们也能享受在自行车后面的甜蜜，以及简朴饮食的丰富，因为，这时的爱是真实和永恒的，是充满平安和喜乐的，这种幸福感是他人无法夺去的。

从艺术活动获得感动

知名女演员杨惠姗在她演艺事业高峰时毅然息影并投入中国现代琉璃艺术，与夫婿也是名导演张毅共同创立琉璃工房，研究特殊的琉璃脱蜡精铸法，虽然历经财务困境和诸多失败挫折，但两人共同享受创作带来的喜悦和满足。当然，伴侣不一定要成为艺术家，但要能从共同的艺术活动里获得心灵感动和美善。

长久以来，人类往往能从艺术活动，例如：绘画、音乐、文学、建筑，以及哲学和宗教的写作中获得内心的平安、希望和快乐。伴侣可以寻找和确定两三项能感动你们的艺术资源，例如，到音乐厅欣赏一场高品质的音乐会或沁人心脾的歌剧吟唱，或者一起学会弹奏一种乐器，欣赏或实做都能使人获益。

共享自然的美好和宁静

慧秀和另一半是在一次登山活动中相识的，在婚后他们仍然经常放下生活的种种牵绊和压力，背起他们的背包走向大自然，每当他们携手走向高山、森林、草原或海边，他们就能同样深刻地感觉到"两个人的心灵与大自然紧紧联系和结合在一起"。所以，伴侣应该学会珍惜、保护和享受自然环境。

现实生活的压力，以及噪音、混乱和拥挤交通的环境，使个人过度疲惫、无法放松、紧绷、浮躁或者没耐心，在伴侣生活中也容易因一些小事引发愤怒和争执。伴侣能经常安排时间远离尘嚣、浸淫大自然中，使自己心情轻松和愉悦，也使心灵净化和安详，在这样轻松自在的氛围中，伴侣更能开放地向对方诉说心声和爱意，共创生命美好经验。这一切都是在电子游戏、电视机或购物商场里没有办法获得的。

深度阅读以启迪心灵

我们的心灵经常被一些垃圾所堵塞，如矫情的电视剧、言情小说、明星八卦，不仅消耗伴侣许多时间和精力，也会减除心灵的能量。清宁喜欢阅读一些文学作品，她邀请另一半在一个月里一起阅读一本书籍，并每天利用晚餐后喝茶或散步时间分享彼此所阅读的和所思考的东西，她深深觉得这样做使他们的生活更有内涵："当我们交流内心的思维和价值信念时，我觉得我们是真实联系在一起的，字里行间表露的信息引导我们做出生命的省思。"

许多基督徒夫妇会在清晨和晚间一起阅读圣经和祷告，这不仅是一种宗教活动或仪式，也使他们的生命更紧密连结。伴侣可以尝试一起阅读对启迪心灵有帮助的东西，如约瑟夫·牛顿所著的《活在当下》，利用时间做出分享或讨论，激发内在思想，如果能每天在一顿清淡的早餐后，用一些时间一起读一点有助于心灵成长的东西，将能使你们更好地开始一天的生活。

重新建立生命的价值

伴侣需要重新认识和建立他们人生共同的价值和理想。伴侣会越来越疏离、甚至像是陌生人，往往是因为他们想要的生活不同，彼此价值观差异太大。对鹏飞来说，他认为最为重要的是晋升更高的职位、积累更多的财富，获得更好的社会地位和名声，他几乎把所有时间和精力都放在工作事业上，他认为其他的事情都是不重要的。然而，天心更希望他们能多花些时间在关爱家人和周围的人上，以及在宗教信仰的追求上，这些生命本质的差异往往形成伴侣冲突，使伴侣从爱慕转为厌恶。

伴侣需要一同探索他们各自期盼的人生和婚姻的理想，以及这些理想带给他们的意义和价值。当然，天心和鹏飞可以各自去追求他们想要的人生目标或做他们想要做的事情，但这样就失去了"同心同行"的共同感，伴侣应该开放地接受对方的影响，共谱人生的梦想，建构两人共同希望拥有的优质世界，不仅在生活享受上，也在生命品质上。

助人和爱人的行动

对婉仪来说，再没有比她和另一半一起为那些需要帮助的人捐助金钱和进行关怀行动，更使她感到幸福和满足的了，共同体会"施比受更为有福"的真理，这要比他们到国外名胜古迹旅游或享受一顿上千元的美食更能让她获得喜悦，因为它使他们的婚姻和家庭变得更有意义。

当伴侣能共同为那些需要帮助的人奉献和付出，不仅能体现他们各自生命的力量感和价值感，更会使他们成为助人的伙伴，使两人的心灵更加美善，也增加彼此的爱慕之情。他们可以从关爱周围的人或事物开始，展开恩慈行动，与人分享生命的丰富和喜悦，如共同帮助面临婚姻问题的夫妇度过危机，或假日探望养老院的老人。

尝试更为简朴的生活

唯有在伴侣生活中力求简单和简朴，才有更多时间和心思放在心灵层面。沛文在忙碌工作之后，回到家还要花将近两小时准备晚餐，立轩为使自己的事业更有发展，每周要花三到四个晚上在交际应酬上面。伴侣需要学会减除一些生活或工作上不必要或不重要的活动，不要让这些活动占据他们的时间也占据他们的心灵，如沛文只要准备简单和健康的饮食，立轩可以拒绝不必要的应酬。

简朴的生活可以帮助伴侣重新思考和找到他们生活的重心，回归到他们认为有价值的活动上面，去做他们一直想做但未做的事。例如，开始他们的阅读和学习，一起安静地默想和彼此祝福，为一天所有的事情感恩，想象他们的人生梦想，使他们积累更多的心灵能量而不是心灵垃圾。

伴侣在心灵层面更多的连结，支持彼此在生命价值的体现和成长，也能使伴侣的生活更为丰富和活泼，同时提升生活和情感的素质，使两人在身心灵有更紧密和美好的结合。

七种爱的话语

女人对话语的感受度要超过男人数倍、甚至数百倍，来自关系最为亲密的伴侣的一句爱的话语，能滋润和融化女人的心，它的价值要胜过金银宝石。然而，大部分男人在对另一半表达爱的话语上却是吝啬或笨拙的，特别是在婚后。就像我们锻炼身体一样，伴侣间表达爱的话语也需要不断地锻炼，并成为一种好的习惯。

最亲密的人能带给你人生最美好的幸福，也可能带给你人生最深重的伤害。在男女情感互动里，话语的影响力要超过其他人，一句话常能带给对方爱的能量，使对方感到安全、温暖和亲密，就如《圣经》所描述的"一句话说的合宜，就如金苹果在银网子里"，那是多么美妙；然而，一句话也能带给对方恨的能量，使对方感到被批判、指责和忽略，充分体现"话语就是力量"在亲密关系里的真理。

不要为自己找借口

许多男人会为挤出"我爱你"这三个字花费九牛二虎之力，甚至表现出抗拒或烦躁，如"这有什么好说的"或"拜托你，不要这么无聊"。其实，男人常为自己找了许多不说爱的话语的借口，首先，他认为只要"做"就好了，不用说出来，实际行动要比嘴巴说的更重要，但他需要知道，对女人而言，话语更能表达男人内心的行动。其次，他认为对方应该知道他的心意，但知道和听到是不一样的，何况男人会习惯性地沉默和躲到自己感到安全的"窝"里，女人根本不知道他在想什么。因此，在两性关系当中，女人常是说了太多，而男人往往是说了太少或不说。

爱的话语是最好的前戏

性爱的研究显示，男女在性爱中获得刺激和唤醒欲望的方式有着很大的差异，有人比喻说，女人的性刺激是在"两耳之中"，而男人却是在"两腿之间"。对女人而言，让她感到愉悦和亲密的话语是最好的性爱催化剂，也是最好的前戏。但许多男人却无法理解这个道理，钻研很多爱抚或性爱技巧，想要取悦对方，却往往没有获得期待的效果。其实，在两人单独相处或性爱之前，男人爱的话语能激起女人的浪漫和热情，才能使她热烈地释放她内心的性能量。

说得多不如说得好

表达爱的话语要掌握几个要点，以免适得其反。首先，是适当的，不要过度浮夸，对方会觉得你在忽悠她或显得油嘴滑舌，与其说"没有你，我活不下去"，倒不如说"你是我生命中最重要的人"；其次，你所说的要和你所做的是一致的，并能结合非语言的行为，如用爱慕的眼神看着她、脸上带着温和的微笑、热情地拥抱或亲吻她；再其次，尽量能使用正向方式表达，说"我觉得你对这个家是最重要的"要比"这个家没有你，还真不行"更好。

对伴侣说的七种爱的话语

以下举出七种表达爱的话语,不仅是男人可以对女人表达的,也是女人可以对男人表达的,使双方都能从爱的话语里获得爱慕、欣赏、关注、认同、承诺、邀请、热情的情感。

第一种话语:爱慕的话语

当男人真实地表达对女人的爱慕和思念,会让她感到被爱和被需要,觉得在你的生命中是重要的且有价值的,这样的话语会增强女人的安全感和归属感,也对男人更为信任和放心。这类话语的关键是你的爱慕是单单因为她这个人,而不是因为她做了什么。我们发现许多男人在关系确认或结婚之后,爱慕的话语就少得可怜或是绝迹,认为没有这个必要或觉得要说这些话很累,让她觉得自己被忽略、不被爱,从而内心的不安全感导致对男人的猜疑和掌控。典型爱慕的话语如:

- 我爱你。
- 我很想你。
- 我很高兴能看到你。
- 我真需要你。
- 能和你在一起,是我感到最幸福的事。
- 如果人生从头来过,我仍然会选择和你过一生。
- 你是我生命中最重要的人。

第二种话语：欣赏的话语

当男人表达他对女人的欣赏和赞赏，女人会感到被接纳和肯定，增加她的自信感和幸福感。当你和她在一起时，把你所想到和看到的她值得欣赏的地方，清楚地告诉她，包括她的人格特质、外表特征、能力表现或具体成就，如身材变得更苗条、换了个新发型、穿了新买的衣服，男人的欣赏和赞美会让她觉得自己更有吸引力。反之，男人的忽略甚至揶揄，会让她感到沮丧和变得没自信，如对她精心打扮视而不见，或告诉她"你最近好像变胖了，像小猪一样"。以下是常用的欣赏的话语：

- 你是很有耐心的人。
- 我觉得你对我很有吸引力。
- 你做事非常细心和负责任，让人可以放心。
- 你很体贴别人的感受。
- 你这个想法太有创意了。
- 我觉得你做了很明智的决定。
- 你真不简单，在这么短的时间里，就把这事情搞定了。

第三种话语：关注的话语

如果男人能把注意力放在女人的身上，表现出对她的想法和感受的高度关注和兴趣，她会觉得自己是被重视的，提升了她的价值感。透过关注的话语表达你对她的每件事情、内心的想法和感受，以及对未来的计划和理想，你都看得很重要。

可惜的是男人往往对情感的感受力非常薄弱，常表现出不晓得如何因应或害怕面对女人的情绪感受，而让她感到被拒绝或觉得你是冷漠的，如

你告诉她"不要想那么多"、"你真的很烦"、"你又怎么了"。为了改变这种状态,你可以常说以下关注的话语:

- 你今天过得如何?
- 你上次提到你负责的那个工作进行得如何?
- 你觉得这件事这样做如何?
- 喔,看起来你有些沮丧,可否告诉我发生了什么事情?
- 我们讨论一下这件事情,然后一起做决定。
- 我可以为你做些什么吗?
- 你老板这样的态度确实让人感到很生气。

第四种话语:认同的话语

当女人的努力和付出,以及她对家庭的贡献,能被最亲近的人看见并给予正面反馈,表达对她所做的事情的感激和肯定,她会觉得辛苦没有白费,并感到被看重和珍惜,使她更有力量感。

一些男人不仅未对另一半的付出做出认同,反而不断批评和抱怨,甚至把她和别的女人比较,如"这个菜怎么这么难吃,还是我妈做的比较合胃口"、"不要这么多抱怨,好不好"、"怎么做一点事情就喊累",这样的态度和话语会使她感到挫折和沮丧。因此,你可以对她说出这些认同的话语:

- 谢谢你对我的信任和支持。
- 在这件事情上,你帮了我很大的忙。
- 谢谢你为我做的每件事情。
- 我觉得你把孩子照顾和教育得非常好。
- 你是我生命中的最大力量。

- 在这件事情上，要不是有你，我真不知道怎么办。
- 在我最需要你的时候你总是在我的身边。

第五种话语：承诺的话语

男人能对关系的忠诚和幸福的努力做出承诺，才能使女人在伴侣关系中获得坚固的安全感和信任感，这样才能让她觉得她可以放心地依靠你，在她遇到困难或需要你的时候，知道你会在她的身边陪伴她，成为她的帮助和支持。

别成为让女人"靠不住"的男人，别对她和你们的关系及家庭不敢承诺和不负责任，如对她说"事情会变成这样，我也没办法"、"我也没有把握"、"你就迁就一点"，这样她会失去对你的信任和信心。所以，你可以为她和她的幸福做出如下承诺：

- 我永远站在你这边。
- 无论你做出什么样的决定，我都会支持你。
- 没有任何事情会比你更重要。
- 我会为这个家庭做出最大的努力。
- 我对你的爱是永不改变的。
- 我相信没有任何人或事情能阻碍我们的关系。
- 对你所提到的这件事情，我会尽力做出改变。

第六种话语：邀请的话语

我们可以从伴侣在他们每天生活中彼此做出邀请的次数，来判断他们关系的亲密或疏离。"我们中午一起吃个饭"、"我们周末一起出去走走"，做出邀请表示你希望和她有更多的情感联系，更多的时间在一起、有更多的共同活动，而不是"我现在不想谈这个"、"我现在很忙、没空"、"你让我安静一下，可不可以"，不仅没有做出邀请，反而是对她的需求做出拒绝。你可以尝试在每天的生活当中做出邀请，让她感到你想和她同心同行：

- 这次的公司聚餐，我迫不及待想把你介绍给我的同事认识。
- 我们晚餐之后一起去散散步。
- 我看了你上次给我的那本婚姻书籍，我们可以讨论一下吗？
- 我想这个假期，我们全家到新西兰旅游，你觉得呢？
- 这个周末，我们找时间一起去逛街。
- 我想上次那件事情让你感到很沮丧，我们可以谈谈吗？
- 我很希望常有我们两个人独处的时间。

第七种话语：热情的话语

男人在性爱上面常是"只做不说"，让女人觉得他只是为了满足自己的生理需求，是不够热情或不浪漫的，慢慢地对他失去性趣。就如我们前面所提到的，爱的话语是性爱最佳的前戏，以下这些热情的话语能表达你对她的渴望，以及激发她内在的爱和性的欲望：

- 我很想要你。
- 你对我很有吸引力。
- 我想紧紧拥抱你。
- 我想和你紧密结合在一起。
- 看到你会让我感到兴奋。
- 你带给我最大的满足。

要成为一个优质和创意的爱人，你需要不断地锻炼爱的话语，对另一半表达你对她的爱慕、欣赏、关注、认同、承诺、邀请和热情，让她感受到你的爱和温暖，使你们的亲密和激情更加滋长。

融化男人冷漠的心灵

女人对爱的渴求远超过男人,唯有从另一半获得满足的温暖和关怀才会感到幸福。"冷漠男人"会使女人的生命因为没有得到滋润而逐渐凋零枯萎。对付男人的冷漠,女人需要找出他冷漠的根源,并用爱和技巧来融化他冷漠的性格。

美国知名心理学家哈利·哈洛在一项心理实验里,将一只刚出生的幼猴放进一个隔离的笼子,并用两个假猴子替代母猴,这两个假猴分别是用铁丝和绒布做成,他在"铁丝母猴"胸前装置一个提供奶水的橡皮奶嘴。哈利称"绒布母猴"代表柔软、温暖的母亲,"铁丝母猴"则是随时提供奶水的母亲。幼猴刚开始多围绕"铁丝母猴",但没过几天,令人惊讶的是幼猴变成只在饥饿时才到"铁丝母猴"那里喝几口奶水,其他更多时间都是和"绒布母猴"待在一起,当幼猴受到惊吓时,它会立刻跑到"绒布母猴"身边并紧紧抱住它,好像"绒布母猴"会给它保护和安全感。

女人需要爱而不是冷漠

幼猴渴望获得温暖和保护,而女人在伴侣关系中对爱和温暖的渴求则更为强烈,但在她们身边的有时候往往是个冷漠的"铁丝男人",冷漠男人给人的感觉总是冷淡、自私、敌意、无趣、迟钝、漠不关心、没有感觉,他似乎和女人所期盼的热情、浪漫、温暖、亲密、体贴、理解是相反的，他甚至是情感的绝缘体。

将一生奉献给印度的穷人、弃婴和麻风病人的德蕾莎修女说道："爱的反面不是恨，而是冷漠。"伴侣关系也是这样，冷漠的杀伤力要远超过伴侣的冲突或争执，两人发生冲突透露着，虽然有所差异或不满但还带着期待对方改变的心理，如果已经冷漠到漠不关心、相应不理，伴侣关系可说已经走到尽头。

男人为何会如此冷漠

如果你的另一半是冷漠男人，你需要观察和辨识他是哪种类型的冷漠男人，是天生如此亦是后天转变，是长时间积累还是暂时发作的，可以帮助你找到适当的因应策略。

冷漠一：男人的性格使然

男人的冷漠可能源自他的性格或习惯，他对家人和周围的人都漠不关心，不单是针对你。在他的人生价值中，对于爱情和亲情的关注度较低，对爱的渴求也不高，他更多关注的是生活事务、工作事业、积累财富、兴趣爱好或社交活动，把大部分的时间和精力放在这些上面，这样的男人往往也比较难和人建立亲近和亲密关系。

冷漠男人的性格通常和他的原生家庭以及成长环境有着紧密关系，他父母的关系可能是非常疏离或经常冲突的，以致他缺乏正面学习的榜样；或者父母对他的养育和管教方式较多是权威、严厉、批评，或是从小和父母分离,他没有在童年获得温暖,一个没有被爱过的人往往不知道如何去爱人。有些男人则是曾经经历重大创伤或情感伤害,如被背叛或离弃,对女人存在无法信任和不安全感。

冷漠二:他对你的爱已丧失

新梅和认识他们夫妻的朋友抱怨另一半天宇对她非常冷漠,他们很难相信这是真的,因为天宇在朋友或同事面前总是表现热情、慷慨、体贴,也喜欢帮助朋友。新梅提到他一回到家里好像完全变成另外一个人,对她不理不睬,她觉得自己已经不认识这个男人,和以前那个温柔、体贴的男人离得越来越远。

其实,他没有变,变的是他对你的爱,他原先对你的爱和渴望感觉已经失去,导致这样的问题,一是由于你们关系已经变得疲劳,这往往是伴侣负面互动方式、单调无趣生活,或生活及情感困扰,积累而成的负面观感;二是他已经有新的情感对象。"爱已丧失"是伴侣关系最麻烦和最难解的问题,他变得对你不在乎、无所谓,好像变成聋子和瞎子,听不到你说的话、看不到你的存在,你也会因为这种情况感到心灰意冷、失望到绝望。

冷漠三:伴侣出现冲突

相较于冷漠性格和爱已丧失,伴侣因为意见或作法不同产生冲突,或者情感没有获得满足引发的冷漠状态是短暂和急性的,可能是你说了什么话或做了什么事,让他感到不满和愤怒。星华尝试透过生闷气、故意不理会莹秋,以及对她表现敌意或刻意批评她来表现不满,他心里在想:我这样做是要引起你的注意,要迫使你做出退让或道歉。但是莹秋却没有回应、甚至也是冷漠以对，两人陷入僵局。

因伴侣冲突导致互动冷淡或僵局的情况经常发生在许多伴侣的生活中，如你们在教养孩子方式上的差异、他的意见没有获得你的尊重、你拒绝他的性爱邀请、你做些他感到厌恶的事如让其他男同事接送你等，如果这样的问题没有及时做出协调或解决，容易积累成习惯性冷漠和疏离。

冷漠四：出于邪恶的目的
"冷漠"也可能是男人为达到某种目的最为可恶和可恨的手段，如外遇男人对另一半使用冷暴力，内心窝藏着邪恶的动机。在外遇刚开始的阶段，他可能还会觉得自己的行为对不起你和家庭而感到内疚。当进入外遇迷恋、无法自拔期时，他心里萌生离开你的念头但又不敢开口，此时开始使出"冷漠"战术，想要让你知难而退，让你倍感折磨和痛苦。

此时他可能会搬出许多似是而非、甚至奇奇怪怪的理由，试图减低自己的内疚感，认为是你不好，所以他对你冷漠或要离开你，如说你对他不够体贴、你只关注孩子没有关心他、你对他的父母不好，你爱发脾气、你以往提过离婚等，甚至翻起旧账，说他几年前有次生病，你根本不关心他，对于这样的男人，你就请他"有话直说"。

从细节觉察男人的冷漠

无论男人冷漠是出于性格或是其他因素，你可以从日常生活互动觉察他是否冷漠或突然变得冷漠，及早发现问题和做出因应，以下是十个重要线索。

- 他总是忘记重要日子，如你的生日或你们的结婚纪念日。
- 他很少会送你礼物，如你的生日、情人节，或到外地或国外出差回来。
- 他很少主动打电话给你，如你加班晚回家、知道你生病或身体不舒服。
- 他对你的谈话经常表现出没有耐心听或没有回应，最多只是嗯、啊几声。
- 他回到家里而你在家时，他很少主动和你打招呼，或主动亲近、拥抱你。
- 他和你在一起时，表情经常是冷酷的，很少有笑容。
- 他很少主动和你交流，最多只是讨论生活上的事务。
- 他和你讲话时，内容贫乏、声调平淡、不带感情。
- 他变得很忙碌，经常加班、应酬、朋友活动，几乎没有时间和你相处。
- 他常因一些小事情对你感到不满，给你脸色看。

他是冷漠性格的男人吗

超过一半的男人具有冷漠性格，他经常做一些伤害人的事情或说一些伤害人的话，自己却觉得没伤害人或没那个意思；当别人表达情绪（喜怒哀乐）时，他会觉得不安、厌烦和没耐心；或者他只顾自己的需要和感觉，很少关心别人。

你可以从你对另一半的观察和了解回答以下的问题，如果你的答案是否定的或大致上不是这样则在此题打 ×。如果你打 × 的题数等于或超过 9

题则表示他是性格"非常冷漠"的男人，5到8题表示他是性格"较为冷漠"的男人。

1. 他在本性上是否容易原谅别人？
2. 他是否时常设身处地体会别人的感受？
3. 他是否同情那些弱小和没有安全感的人？
4. 当别人需要鼓励或关怀时，他是否能很快察觉到？
5. 他是否非常关心他人的利益？
6. 当有人需要倾诉自己的事情时，他是否能够做一个有同情心的倾听者？
7. 朋友遇到麻烦时是否很自然会想请他帮忙？
8. 他是否容易受到感动而同情别人？
9. 他是否特别有兴趣帮助那些经常遇到问题的人？
10. 他是否很容易察觉别人的感受和心情？
11. 他是否关心他人的情绪困扰？
12. 他是否会因为伤害了别人的感受而向人道歉？

用爱对待冷漠性格的男人

当你的另一半是冷漠性格的男人，你也不用太过失望，接纳他并找到和他的相处之道，进一步用爱来融化他冷漠的心。

温暖一：改变你们的生活互动方式

在你们的关系互动里增进他了解你和爱你的能力。他对别人的情感和需求的感受力较低，平常你最好透过语言直接和具体表达你的感受和需要，不要让他猜。他的反应可能比较迟钝，你要让他有时间消化你说的话，或者想想再做出回应。你可以鼓励他换位思考，当他自己面临这样的事情时，他会有何种感觉。

温暖二：激发他内在的情感潜能

你可以想出方法激发和锻炼他的情感潜能。陪伴他看些有情感或剧情的小说或影片，不要只看动作或战争片或者沉迷打斗或单调的游戏。和他一起研究心理学，通过上些工作坊或听讲座，了解心理学能帮助他更理解别人的感受、想法和行为。你也可以和他一起进行艺术活动，如听音乐会、看话剧、阅读文学作品、观赏画展，艺术活动能启迪人的心灵，也能激发人的情感神经。

温暖三：用包容和温暖来感化他

不要用冷漠来对待或报复他的冷漠，《圣经》有句话说："你要别人怎样对待你，你要先那样对待别人。"让他感受到你出于真爱的包容和温暖，会融化他那冰冷的心。同时鼓励他多和一些情商较高的人相处，他可以从别人身上学习到如何感受别人的感受和需求，以及表达自己的情感。

面对男人的冷漠,你再多的批评、指责、抱怨、唠叨和威胁都是徒劳无益,反而使男人更为逃避和退缩,使情感关系陷入恶性循环。你可以尝试改变你对待他的方式,用你的爱和温暖来融化他那冷漠的心灵。相信有你真诚的接纳、尊重、包容、鼓励和支持,即使已经冷冻的心也会逐渐被化开。

温暖的互动

WARM INTERACTION

换个方式相处会更好

尖锐冲突使爱情变质

爱的关系界限

别做你男人的老妈子

读懂男人的内心世界

换个方式相处会更好

许多伴侣或婚姻关系在一开始就注定要走向结束的道路，因为两人存在着病态的关系结构和负面的互动模式，猜疑、批评、责备、抱怨、唠叨、威胁和轻视充斥在每天的生活中，结局不是折磨痛苦就是分道扬镳。因此这些伴侣需要换个不同方式相处，重建健康的关系结构和正面的互动模式，才有幸福的希望。

在二十几年的婚姻咨询经验里，我往往能从伴侣走入咨询室后短短几分钟的互动情况判断他们的情感或婚姻是否还有挽回的机会，当他们很快彼此指责、互不相让，或对对方的讲话做出无理的中断或充耳不闻、对对方的情绪反应不在乎，通常这样的关系较多会走向结束。如果他们还关注着对方的情绪和情感，还愿意倾听和理解对方的谈话，则往往还有挽回和改变的希望。

负面互动模式造成长期焦虑感

芳萍习惯性地对智源像对小孩一样大声斥责或命令，智源开始觉得还能勉强忍受，到最后变成听到她的声音就感到烦躁。远达对于若兰不高兴时就生闷气，远达问她什么事情让她生气，她就用可怕的眼神看着他，什么也不说并和他继续冷战，让他不知道怎么因应，干脆离她远一点。兴平对于忆灵一遇到两人意见不同和没顺她的意,就会瞬间变得歇斯底里和哭闹起来,动不动就跑回自己父母家,让兴平觉得自己快发疯了。

像以上这三对伴侣的负面互动模式会不断引发双方负面情绪和认知,生活里充满焦虑、愤怒、沮丧和不安,逐渐认为对方根本无法沟通、没有情感,最后,对关系持续失去信心和希望。其实,这些负面互动模式常是静悄悄地进入伴侣生活里,直到占据所有时间,此时,将会出现"长期焦虑"现象,一看到对方或跟对方在一起,就很容易变得烦躁、没耐心,甚至是厌烦、嫌恶。

典型的伴侣负面互动模式

伴侣需要觉察平常生活互动的方式,找出潜在的负面模式,做出有效的改变行动。我们常看到的伴侣生活负面的互动模式有以下几种情况:

- 相互指责:伴侣发生冲突时,双方相互攻击,或一方攻击而另一方防守,而不是注意倾听对方的感受或想法。
- 刻意回避:对于伴侣关系,出现一方比较主动,而另一方不断回避或逃避,简单地说,就是一方在追、另一方不断地逃,形成伴侣关系疏远。
- 期待差异:一方(通常是女方)希望双方能坐下来好好谈谈,使关系更加亲密,但另一方却担心又有冲突要发生。
- 逐渐疏离:双方共处的时间越来越少,一起的娱乐或休闲活动时间也少了,逐渐变得疏远、冷淡、无趣,希望在一起的期待也更低了。
- 漠不关心:总觉得自己不太注意对方在说什么,而对方也不关注我在说什么，或者觉得自己常被对方误解，或误解对方。
- 恶性循环：这样负面的互动模式引出螺旋上升式的恶性循环，使一个小问题变成大问题，小冲突变成大冲突。

不一样的互动模式带来关系变化

就如我们之前谈到的，伴侣双方相互指责、刻意回避、逐渐疏离、漠不关心的负面互动方式会形成恶性循环，使关系不断恶化，形成一种将对方从关系和家庭中往外推的破坏力量。所以，伴侣需要做出改变和重建伴侣关系互动的模式，有效方式才会带来满意结果。同样的，正面关系互动模式才会使伴侣关系更为亲近和亲密，也才会有一种将对方吸引到婚姻和家庭中的正面力量。

模式就是一种习惯，想想在这些时候，例如，看到另一半时、和另一半谈话时、解读另一半的态度和行为时、和另一半讨论事情时、和另一半发生冲突时，你通常有什么样的想法和行为表现？做出什么样的反应？接下来，我们谈一下七个"正面"的伴侣互动模式。

变化一：正面态度对待对方

一个人的脸部表情、讲话声调、身体姿势给人的情绪冲击会比言语更强大。想想当你看到他时、或和另一半在一起时，你比较多时间是带着愉悦的微笑还是不满的臭脸，你的肢体动作是礼貌和优雅的还是让他感觉粗鲁和无礼的。

当你的脸部表情是温和的、带着自然微笑、语气是平和的，会让他感到和你在一起是安全、放松和温暖的。相对的，当你习惯性地表现严肃或不满的表情或眼神、粗暴或不耐烦的语气，和他说话时手叉腰或用手指指着他，会让他觉得你像一座即将爆发的火山，让他感到焦虑不安，要赶快躲进让自己感到安全的窝里面。

变化二：正面表达你想要的

让乐邦感到无力和疲惫的是芷云每天无休止的抱怨，让他觉得不管他如何做，她永远都不会满意似的。虽然，伴侣关系必定存在一些问题或不足，但芷云若能先表达和珍惜他们现在有的或感到满意的地方，同时，对于不足或需要改善的地方，能表达"你想要的"、"你期待的"、"你希望的"。这样的正面表达方式会给她和对方制造一种期望感和力量感，例如，"我期待你更多的关心"、"我希望我们能有多一些时间的谈话交流"，而不是"我觉得你一点都不关心我"、"你不觉得我们已经很久没有在一起谈心"，会让对方觉得你正在做出指责、抱怨或否定。

变化三：正面观感看待对方

《圣经》有句话说："你要保守你心胜过保守一切，因为一生的果效是由心发出。"指的是一个人心里怎么想的，就会表现在生活当中，在伴侣关系里也是如此，你用什么眼光看待他就决定你对他的态度和行为。

当你能用正面观点或情感来看待他，觉得他是你所爱慕和可倚靠的，你表现出来的会是欣赏和支持。"没有人一项缺点都没有，也没有人一项优点都没有"，只要你用心观察，你就能看到他还有值得你欣赏和肯定的地方，放下你的不满和敌意，不要过度放大或夸大另一半的错误或不足，但也不要缩小或忽略另一半的优点。

变化四：正面倾听他的谈话

茂勋的处境让他的朋友都为他抱屈和同情，因为他的另一半尔琴总能从他的话里找出毛病来，当他说"晚上就不用做饭了，我们到外面去吃"，她听到和回应的是"你觉得我做的饭菜很难吃是吗"，所以，他干脆都不表达任何意见。

当你和对方谈话或讨论问题时，要充分接纳和尊重对方的想法和感受，因为这是属于他的，先做到耐心地倾听、不要中断对方的谈话，并对他的谈话表现出感兴趣的态度，尝试去理解他想要表达的想法和感受，而不是很快地感到厌烦或否定他的想法，如果能再进一步表达对他的情绪感受的共情会更好。

变化五：正面反馈他的表现

最亲近的人的评价产生的力度是最为强烈的，女人一句真诚的鼓励或赞赏的话语能带给男人强大的信心和力量，但在现实生活中，伴侣彼此找缺点的情况多过找优点。

当你能对他的态度和行为做出正面反馈，他会感到被关注、肯定和赞赏。所以，看到他做出的任何改变或努力，都要即时做出正面反馈，即使只是一些细微的改变，如主动帮忙做点家务、买你喜欢吃的零食，你要记得小改变能带来大改变。但若你忽略或否定他的改变或努力，没有任何反馈甚至是表现出负面反馈，如"这本来就是你该做的，有什么好表扬的"、"我不觉得你能坚持下去"，这样泼冷水会让他感到沮丧、失望。

变化六：正面解读他的行为

我们对同一件事情或行为可能会有不同的观点或做出不同的解释，我们需要在伴侣互动里更多看到对方内在的善意和正面动机，就是能正面解读对方行为的正面意义和价值，但并不必然是接受行为本身。

例如，你们因为意见不一致发生争吵而他大声说话，你可以正面解读为他想表达自己意见、期待获得你的理解和尊重，而不是要伤害或威胁你；或者当他晚上想要有段时间独处，可以正面解读为他这段时间工作压力较大，需要有自己的空间和时间放松自己和想想事情，而不是负面解读为他不想和你交流，逃避和你的接触。

变化七：正面解决两人问题

许多伴侣遇到两人关系里的问题和冲突，往往很快地启动"自我防卫机制"来保护自己，如以攻击因应攻击、太快做出退让或妥协、拖延或逃避不谈，这样不仅没有解决问题，有时更会激怒对方和激化冲突。

出现问题或冲突，两人要能愿意沟通和协调，共同做出努力和解决问题，能采取有效解决问题的程序，先彼此表达和倾听对方想法和意见、看见自我的问题和责任、共同想出和评估解决的方法、进行协调和达成共识。当伴侣能够正面地面对和解决关系问题时，能带给对方"我们是可以沟通的"、"我们是可以一起解决问题的"的信心感。

如果把伴侣相处的空间比喻为"伴侣圈",当你和另一半进入这个圈,就是你们回到家里、你们相处或联系时,记得在这个圈里面你们只能做出正面的互动行为,就是要以正面的态度、表达、观感、倾听、反馈、解读和解决来对待对方,你会发现在这个伴侣圈里有更多的爱和温暖。

尖锐冲突使爱情变质

伴侣的许多冲突大都开始于生活小问题，往往因尖锐开场和缺乏沟通技巧，以造成双方关系紧张、严重争执或相互负面刺激，从而演变成情感不满足，使另一半成为焦虑或痛苦来源，在认知上彼此失去信任、承诺减弱和彼此负面解读对方，直到最后，开始质疑是否要结束关系。而这一连串情感、认知和关系的恶化，通常就是以尖锐开场为源头的。

做伴侣要从学会冲突开始

如果有人说"我和另一半从来不吵架"，那就有三种可能性，一是他们没时间吵，两人还在恋爱或新婚的亲密期正大晒幸福；另一种是他们吵不起来，两人关系已经疏离到相互不理；还有就是他们表面不吵，一方很快退让或妥协，将外在冲突转化为内在冲突。

其实，伴侣也不需要把"冲突"或"争吵"视为婚姻杀手，伴侣冲突有其自然性，试想伴侣是两个独立个体，来自不同原生家庭和成长背景，从性格、价值观、人生理想，乃至于生活习惯、兴趣爱好，即使是"天作之合"或"有情人终成眷属"还是会存在差异。

这些差异往往会引发冲突，听起来，好像冲突对伴侣是无法避免的，但也不必因这些差异或冲突感到沮丧，有时"伴侣有冲突算是好事"，冲突其实传达"希望改变"的信息，希望借由改变和协调使生活和关系更加美好。如果双方连吵都懒得吵，冷漠到相互不理、不在乎对方，那就已经到了"情感癌症末期"无法挽救的地步了。

伴侣冲突有优劣之分，优质冲突能唤醒伴侣正面情感的能量，出现冲突时，伴侣能将时间和精力用在互相理解、表达、支持、共情和解决问题上，合理讨论和突破僵局，能转化冲突为促进亲密的正面力量；但劣质冲突就会产生强大破坏能量，当伴侣把大部分时间和精力都用来抱怨、指责、无谓争论和伤害，会形成侵蚀关系和积累怨恨的负面力量。所以，伴侣相处关键不在于"有无冲突"或"什么冲突"，而在于"如何冲突"。

注意尖锐开场的征兆

舒兰和乐家结婚五年以来，可说是三天一小吵、五天一大吵。舒兰觉得他们常是莫名其妙地争吵起来，且都是为了一些小事情，开始她也想和另一半好好谈谈，但乐家认为她是在吹毛求疵、是在挑毛病、找他麻烦，甚至走开不理她，舒兰也不甘示弱，开始翻旧账、做出更多指控和抱怨，使得原本的冷静突然瓦解，情绪更为激动到失去理智。如此尖锐开场的结局是可想而知的，往往会积累更多和更深的不满和愤怒。

伴侣发生冲突时，如何开场是至为重要的，它决定后续的过程和结果，就如一部戏剧，开场往往决定这戏好不好、是喜或悲。如果像舒兰和乐家这样，一开始就彼此指责、相互攻击、发泄情绪，这样尖锐开场将激怒双方也使冲突更为激化。而如果双方一开始能表达善意、承认责任、安抚情绪，这样温和开场将使双方能更冷静理性地讨论问题，并达到协调和解决。

你需要先察觉自己和另一半在意见不同或冲突时，开始的态度和行为表现如何？是尖锐开场或是温和开场？以下十种情况是典型的尖锐开场的表现，你可以自我评估是否有这些负面表现。

- 你表现出不耐烦或不屑的态度，你会说："我不想听这些废话和谎言。"
- 你对另一半吹毛求疵，你会说："你看你又这样。"
- 你认为问题的发生都是另一半的责任，你会说："这一切都是你造成的。"
- 你用侮辱的言词提出问题，你会说："你是猪啊，什么都不会做。"
- 你批评另一半的个性，你会说："你怎么这么主观。""你心理变态。"
- 你对另一半做出人身攻击，你会说："你一点都不像个男人。"
- 你无法控制自己的负面情绪，你会说："气死我了。""呜……"
- 你很快丧失理智，你会说："你已经把我逼疯了。"
- 你表现冷漠或做出拒绝，你会说："我不想和你说话。""我不想谈。"
- 你一开始就抱怨，你会说："我觉得你一点也不负责任。"

如果这些尖锐开场的态度和行为持续发生，将使冲突不断升级。以天气预警灯号"蓝、黄、橙、红"为例，如果你的心跳加快、面红耳赤，感到焦虑、烦躁、不耐烦，讲话也变得更大声和速度更快，那已经到了黄灯或橙灯状态；如果你开始有刻意控制情绪的动作，如握拳头、打墙壁等，以及有种想要摔东西或伤害对方身体的冲动，那已经到了红灯状态。

让冲突降级的行动

你可以从双方情绪激烈和言语尖锐的程度察觉冲突激化程度，并采取适当的行动来缓和情绪，控制自己的言语和行为，使冲突开始降级，如从橙灯转成黄灯、从黄灯转成安全的蓝灯，这样才能回到可以理性讨论问题和有效解决的状态。

面部表情和声音声调表达我们大部分的情绪反应，也是最会激化冲突的因素，正如让乐家最无法忍受的是舒兰高涨的气焰，她那鄙夷的眼神、尖锐的声音使他变得烦躁和无法忍受。要使冲突降级要先注意和改变你的肢体语言，首先，表现温和表情，脸部表情是温和或带着自然微笑，不要露出愤怒或轻视的眼神；其次，留意讲话声调，讲话速度放慢、放低，不要越讲越快或声音越来越尖锐；再其次，保持开放姿势，就是不要手叉腰或抱胸，也不要用食指指着对方。

表达善意就如能扑灭烈火的一股清水，而在伴侣冲突中表达善意有四类行动：首先，承认自己的问题和责任，能客观地看到并承认自己在这事情上所需要承担的责任，而不是先指责对方的错误或认为都是对方的错；其次，自己先做出改变，能表明自己期待解决问题和愿意做出努力，而不是只要对方改变就好；再其次，先赞赏对方，能先看到和肯定另一半已经做出的努力和正面行为表现，如"在上周六，我们一起的家庭活动，让我感到很愉快"；最后，先共情对方，能先理解、接纳和共情另一半的观点和需要，如"我知道你这么努力加班工作，是希望给我们有更好的生活环境"。

让乐家和大多数男人无法忍受的是那些歇斯底里、失去理智的情绪化行为，因为他实在会因不知道如何因应而变得烦躁和不耐烦。因此要能掌握自己的情绪和想法才能使冲突降级：首先，学会自我表露，适当地表达"你自己"的情绪感受和想法，这是较没有威胁性的方式，你可以使用

"我"开头的叙述,如"当……,我感到沮丧"或"我希望……";其次,做出事先整理,先将你想讨论的问题和想表达的想法整理和写下来,不要想到就说;再其次,保持冷静理性,双方都能保持情绪缓和和自我控制,不要过度发泄情绪或几近崩溃的歇斯底里。

适时果断做出暂停

当你们双方的冲突已经陷入到一种负面且激烈的状态,出现强烈的愤怒和不满,彼此指责和批判,甚至开始出现谩骂、人身攻击的言语,一方或双方已经失去冷静和理智,就是冲突已经进入橙灯、甚至是红灯的状态,如果让这些负面情绪和行为继续蔓延,只会造成更多情感和关系的伤害,这样的剧情演下去必然是以"悲剧"收场。此时此刻,果断地做出"暂停"是非常需要的,帮助双方使情绪缓和放松下来,整理一下自己的思绪,别让愤怒冲昏了头。另外,当双方纠结在某个问题很久一段时间且没有办法达成共识,或者双方讨论已经超过一小时且出现精神疲累的状态,这都需要做出"暂停",就如篮球、足球等运动竞赛一样,都有暂停或中场休息时间,可以以此恢复继续作战的能量。暂停按方式分为以下的三个等级,以因应不同程度的伴侣冲突。

等级一:暂停话题

先暂停或搁置现在讨论的话题。如果这个话题是一方现在不想讨论,或者双方已经纠缠很久,仍没有办法协调和解决的,你们可以先暂停或搁置这个话题,让双方有充分时间思考和整理,再找另外适当的时间讨论。

你们可以转换讨论其他话题，也可以休息或做其他的事情。

等级二：暂停谈话

暂停双方现在一切的对话，保持一段时间的安静沉默，时间可以是十分钟或更长时间，直到双方情绪都较为缓和，再决定是否要继续做出讨论。

等级三：暂停接触

双方暂停一切的接触、分开到不同场所一段时间，例如，到家里不同房间，或者一方到外面走走。在一方或双方盛怒、出现言语暴力时，暂停接触是必要的手段。你们可以约定一段时间后再考虑要不要继续讨论，如三十分钟、一小时。暂停之前，要让对方知道你这样做是为了让彼此冷静，而不是拒绝或不理他。

在暂停时间里，可以做出帮助自己情绪缓和、恢复理性的行动。首先，可以做一些你以前使用过且有效的身心放松的活动，例如，闭上眼睛和做深度呼吸几分钟，伸展身体，也可将全身各部分肌肉绷紧再放松等；其次，调整一下思绪和思维方式，能更为正面和合理看待问题或解读对方，要拒绝负面或消极的想法，也不要让这些想法不断扩大，如认为对方故意伤害你，不然，就变成越想越气，反而没有达到暂停的正面效果。

尖锐开场使伴侣冲突恶质化，使两个相爱的人变成仇人相互攻击和伤害，唯有改变尖锐开场为温和开场，才能创造可以沟通协调的安全温暖的氛围。所以，伴侣需要敏锐注意尖锐开场的征兆，并采取使冲突降级的行动，以及适时做出暂停的动作，才能在爱里彼此包容和协调差异。

爱的关系界限

爱需要距离，关系需要界限。爱需要有适当"距离"但不要"疏离"，关系需要健康"界限"，但不要"局限"。即使是非常亲密的伴侣，也是两个独立的个体，虽然，在生活和情感上许多地方需要有属于两人共同拥有的部分，但也要有属于自己的部分，这部分需要被尊重和支持。

有个米的电视广告词说"有点黏，又不会太黏"，这是形容用这种米煮出来的米饭是黏度适中的，我们拿它来形容伴侣的亲密关系最适合不过了。太黏了，没有自己的空间，容易叫人感到窒息而想要逃开，"如胶似漆"一段时间还可以，久了容易彼此感到厌烦；太松了，双方没有共同的时间和活动，在情感上感到被忽略和拒绝，这又让人沮丧和失望。

界限使伴侣关系更加健康

界限就像是标示出一个极限、范围或边缘的一些界线或事物。在心理层面，界限是对于我们自己和他人是不同个体的认知，因为这种不同感，所以每个人具有独特且独立的身份，不隶属于他人。界限能说出我们是什么或不是什么，会选择或不会选择什么，会忍受或不会忍受什么，喜欢或不喜欢什么，想要或不想要什么。

一个健康的伴侣关系不仅要有亲密，也要有界限，需要区别什么是你的感受和想法，什么又是另一半的感受和想法，什么是你想要的生活，什么又是他想要的生活。也需要区别什么是你的问题和责任，什么又是他的问题和责任，一个没有界限的人将是混乱的，为别人承担责任、过度掌控或顺从、想要改变别人而感到无力和沮丧。一个缺乏界限的人，将会失去自我，注定他这一生将是不快乐、甚至悲惨的。

界限一：你要先懂得爱自己和为自己而活

我们发现许多女人进入婚姻或家庭之后常是为另一半或孩子而活，扮演一个称职的"牺牲者"，放弃或忽略自己想要的或曾经拥有的工作事业、兴趣爱好、朋友社交和人生理想，完全失去自我。

诗雨从忙碌的工作回到家，又是一个忙碌和受气的开始，将孩子从公婆家接回、准备晚餐、整理家务、等待老公，有时她会沮丧地想这是她想要的生活吗？

一个不懂为自己活的人是因为她没有看重自己想要的，活在别人的期待和要求中，从来没有认真想过自己想要什么？自己真实的理想和愿望是什么？总认为自己或自己想要的是不重要的或是不可能实现的。

这样的人往往会感到沮丧、失望，因为她一直在做她不愿意或不喜欢的事，她也会对掌控她的人感到怨恨，但又觉得自己似乎没有选择的余地。这样的人缺乏自我认同，自我身份混淆，不知道为谁而活，无法认清自己是谁、别人是谁，什么是自己想要的或是别人想要的。

如果你是这样的人，你需要能区隔自己和另一半及别人的不同，想想你自己的价值观、生活态度、情绪感受、人生愿望、兴趣嗜好、人格特质是什么？记住你是属于自己的，而不是属于别人的。

你需要开始为自己和自己的人生负责任，从别人的期望中走出来，知道你想要什么，想做什么。而伴侣可以建立共同的人生理想和目标，也需要各自建构和拥有自己人生的理想图像，并为你自己想要的生活做出负责任的努力。一个为自己而活的人才能爱自己和爱别人，正如《圣经》上说"爱人如己"，唯有懂得爱自己的人，才能懂得正确地爱别人。

界限二：你要为自己的情绪和情感负责任

在伴侣关系里，你要能为自己负责任，也让对方懂得要为他自己负责任。有些女人常为对方负责，或是要对方为她负责任。以晴的老公可能因为工作压力或项目进展不顺，回到家后经常表现出烦躁不安，她总是想去哄他、取悦他，他反而迁怒她、觉得她很烦，她只能忍受他的情绪。像以晴这样的人常为别人的感觉负责，害怕别人生气、伤心或失望，又常为了讨好对方，过度在乎对方的感觉，反而忽略自己的感觉或失去控制。她常常感到罪恶感，觉得都是自己的不对、或做得不够好。你需要分清这是你的或是对方的情绪，还是你的或是对方的问题或责任。让对方为他自己的情绪或问题负责，你也为自己的感觉和问题负责，避免受对方的情绪所控制。

还有一种情况，就如依秋，她总觉得老公需要随时关注她，知道她的感受并要照顾她的情绪，不然，她就觉得对方不关心和爱她。虽然，期待从另一半获得情感满足是合理的，但依秋已经是过度依赖、不懂独立自主，在生活、情感上过度依附对方，会让对方感到窒息。过度依赖期望从对方那儿得到身体愉悦或情感满足，常会造成自己的不安全感，害怕独处、孤单，经常焦虑对方会不会不理自己、不关心自己了，变得时常埋怨，觉得别人对自己不够好，要别人为自己的情绪负责。如果你是这样的人，你需要学会一个人独处时感到自在愉快，与另一半相处时也感到自在愉快。能规划自己的时间和生活，同时有适当的人际活动。

界限三：你要知道自己的有限性并拒绝情绪伤害

许多女人在伴侣和家庭关系里常是超负荷地过度付出，而不懂"节制"。这样的人往往没有觉察和掌握自己的时间和精力的有限性，经常因为过度付出或勉强自己，忽视自己的身体健康和心理需求，只为满足对方的期望，总把对方摆在第一，甚至使自己受到伤害。这样的人因为过度负责和负疚感，常觉得自己做得不够好。你需要知道自己在婚姻和家庭里合理的角色和责任，同时也要知道你自己是有限的，在伴侣关系里，爱是无条件的、但不是无限度的，你需要知道爱的界限。

女人往往在伴侣关系里承受太多的情绪伤害，积累成内心的不满和怨恨，甚至变成抑郁症状。因此，你要懂得拒绝对方，特别是那些你不想要的，或是对你造成情感伤害的，更要拒绝来自对方任何情绪或行为的虐待，而不是默默忍受，包括对方不实或无情的批判或谩骂，不要让这些情绪伤害影响你和你的自尊。

正如，诗雨一点也不需要忍受他老公无情的批判，如"都是你不懂得打扮，我才对你没有感觉，也才会有外遇"、"都是你没有把孩子照顾好，他才会变成今天这个样子"。你把对方应承担的责任揽在你自己身上，不见得对他有好处，他可能会更加不负责任和依赖你。所以，要帮助对方，一定要考虑自己的时间和精力的限制，做适当的付出。

界限四：你要能掌握和控制自己

伴侣双方在爱的关系里要能够自我控制，而不是受对方控制或想要控制对方。以晴婚前在朋友眼中是个开朗活泼的人，喜欢和朋友聚会、逛街和旅游，结婚之后，老公不是对她说这个不行、就是那个不行，她为不激怒他和维持表面和谐，放弃了以往的朋友和活动。就如以晴一样，有些女人在伴侣关系里表现出过度顺从和无法掌握自己的问题，她会做对方要她做的事，不论她是否喜欢；轻视自己和夸大对方的重要性，觉得自己是"附属品"；不充分表达自己的感觉、欲望和想法；以及没有能量负起该负的责任和行动。这样的人容易被对方所控制或伤害，她没有能力去限制别人对于自己身体或情感上的伤害，不懂得保护自己。她常常太依赖或顺从别人，以致他们不能对别人设限而感到痛苦。

但有时也是女人主动将生活及生命的控制权交给对方，自己害怕做决定而要对方为她做决定，或要对方为她负责。她觉得必须做到对方要求的每件事，让对方控制她的生活和种种选择。她会常常感到恐慌，无法控制自己，否认或推卸自己的责任、认为自己是没有选择的。如果你是这样的人，你需要学会为自己做出选择和决定，并为自己所做的选择负责任。学习有礼貌地拒绝和表达你自己不同的意见，若你不愿意的话，不要做所有对方叫你做的事情，简单地向他说"不"。同时，学习做你自己可以掌握的事情，不用害怕自己说得或做得不够好。

界限五：你也要能接纳和尊重对方

在伴侣关系的互动界限还存在一种常见的问题，就是女人在伴侣或家庭关系里常变成"掌控者"，想要操控另一半和孩子，而不懂尊重对方的感受和需求。君豪想要转换工作，因为他觉得现在的工作是自己不感兴趣的且发展有限，另一半映真却不同意，她认为现在这份工作比较稳定和工资较高，另外，几乎他所有的事情，好像她都看不顺眼，常告诉他应该怎么做，喜欢指使他。像映真这样的人喜欢替别人做选择和决定，强迫对方接受她的想法，也许她是过度照顾对方，而有意或无意地侵犯或介入对方的界限。虽名为热心助人，其实是好管闲事。

有时这样的人会用自己的情绪来绑架别人，如"你不能离开我，否则我就……"、"如果你不这么做，我们就离婚"，使用言语或肢体的威胁、恐吓。如果你是这样的人，你需要尊重对方的权利和彼此差异，包括他的感觉、想法和决定，避免对别人使用言语或肢体的暴力，在关系里不要尝试去过度影响或控制别人。

"在爱里没有惧怕"，伴侣唯有拥有健康的关系界限，才会使爱更真实和自在，也才是对彼此人生的加分，获得自己和共同想要的理想生活，造就更美好和丰富的人生。

别做你男人的老妈子

"男人要的是爱人或伴侣，而不是母亲或保姆"，许多女人在婚后常不自觉地表露出母性本能，扮演男人的老妈子，把他当作还没长大的孩子那样"管教"，有了孩子后，老妈子行为就更变本加厉，简直是把老公当成另一个孩子。这是女人在伴侣关系里最常见的问题，它不仅破坏两性关系，更会浇熄伴侣的浪漫和激情。

念双很难相信她的老公竟然会外遇并提出离婚，他们结婚七年以来，她几乎把所有时间和精力都放在照顾他和家庭上，甚至牺牲自己的工作发展、兴趣爱好和朋友。而老公提出离婚的理由竟是对她只剩下亲情而已经没有激情，因他觉得在家里像个孩子般被管和对待，他不想继续过这样的生活。念双感到非常委屈和愤怒："我对你这么好，我为这个家庭付出这么多，你竟然这样对我？"老公则驳斥她说："我不需要老妈子。"

伴侣在一起延续"母子"游戏，大多是因为许多男人在生活和情感表现上往往是比较不成熟的，可能在他成长的家庭里受到母亲过度的保护和宠爱，没有机会学习照顾自己，在婚后又进入另一个"母子"关系，像个小男孩受到另一半诸多约束和限制，几乎什么都要被管，交什么样朋友、做什么活动、穿什么衣服。女人觉得自己在扮演牺牲者，为男人和家庭辛劳付出，而男人却认为女人像是总司令，不断地要求和命令。

你是老妈子吗？

在进行婚姻和家庭咨询时，我们常使用"家庭雕塑"技术，就是要伴侣或家庭成员以身体姿势和动作表现关系互动模式。在许多案例里，往往是女方一只手叉着腰，另一只手指着对方，同时嘴巴动个不停，像在命令似的，而男方则用双手捂住耳朵，并作势想要赶快逃开。如果有孩子的话，孩子可能瑟缩在一旁，或像父亲一样的动作。

你可以试着记录你和另一半相处时你所说的话语或所做的行为，来检视你们在家庭生活中的互动习惯，看看自己是否已经变成老妈子了。我们可以把老妈子常见的行为分为五类，并用一些口头禅来代表。

• "我要告诉你多少次，你才会记得"

她经常对男人唠叨些生活琐事，好像他什么都不懂或教不会，如"告诉你，脱下来衣服不要乱丢"、"你看多久电视了，你干脆和电视结婚"，像碎嘴子喋喋不休，直到他忍受不了。

• "这些事我来做就好了"

她几乎包办男人所有的事情，例如，帮他整理书桌、准备他上班要穿的衣服、捡拾他随意脱下的鞋袜，这些事原本是他可以自己做的。

• "你别忘了"或"你要记得"

她常会提醒男人一些小事情，好像他很迷糊、不长记性，例如，要记得去接孩子下课、不要忘了去银行取钱、到那里要记得打电话回来，也许她出于善意但让男人感到烦躁。

• "你什么都不会，干脆我自己来做"

当她看到男人事情做不好就很快接手过来自己做，如"怎么连洗个碗都不会，到一边去，我自己来"、"叫你订饭店房间也忘了，我别想指望你，我自己来订"。

- "你怎么连这个都不懂、都不会"

她常会忍不住要指正男人的错误和不足，告诉他应该如何做，甚至在他人面前纠正他的错误。

为何女人会变成老妈子？

我们要对女人为何在伴侣关系中容易变成老妈子的内在心理做出深层次分析，促使自己能做出觉察和顿悟。首先，老妈子会说："我母亲也是这样对待我父亲的啊。"她在自己原生家庭看到的几乎都是母亲操心和掌控所有事情，在父母互动里她没有看到过伴侣间的浪漫和激情，只看到像母亲对孩子的照顾和管教，如果她有机会问问父亲的感受，他可能会回答："这么多年了，我都忍受过来了，也习惯了。"

其次，老妈子会想："男人就是喜欢被人侍候，我这样做，他会感激我并更加爱我。"但实际上，也许刚开始他会觉得被管或被关心的感觉不错，可随着时间越长，便会感到厌烦。

再次，老妈子会相信："我这样做，他会觉得需要我和离不开我。"她把男人变成"生活白痴"，让他觉得在生活中无法离开她，少了她可能他什么都不能做，对她产生强大的依赖感，让男人觉得他需要她，她除了希望能感觉自己是重要、有价值的，也可能是没有安全感、担心失去对方。最后，老妈子会抱怨说："我不得不这么做，如果我不这样，这家就不像家了。"确实,男人往往将生活重心放在工作事业、朋友和兴趣上,女人为了维持家庭的运作,就只好坐上"女人当家"的位置。

老妈子带来两性关系的灾难

也许有人会认为这种"母子"模式也可作为是伴侣关系互动的一种,但这种互动模式往往造成伴侣亲密和激情的阻碍和丧失,更可能导致另一半外遇的婚姻危机。

灾难一:它使热情之火早早熄灭
想想谁会想和老妈子睡觉、对老妈子有性欲望?男人性欲望来自于外在感官刺激和内在性想象,老妈子平常要管和做这么多事情,往往疏于打扮自己,加上老妈子这样的角色形象,往往使男人失去激情,或在做爱时感到焦虑,导致无法勃起或达到高潮,形成心因性的性功能阻碍。

在许多男人性咨询的案例中,他对另一半性欲低落或根本没性欲,但对其他有吸引力的女人则没有任何问题。当女人成为老妈子,有了母性的光辉后,却失去女性的性感和魅力,会抑制男人表达爱的动力,无法表达甜蜜和体贴。

灾难二:它促发男人的逆反心理
这就好像青少年想要离开父母的掌控、寻求独立自由的翻版,老妈子的行为会让他觉得被管得太多、没有自由,就像面对另一个"母亲",他可能选择忍受,但现在更多的男人在结婚或相处一段时间之后,就会开始对这些老妈子行为感到束缚和窒息，而想要做出逃避或抗拒，如开始借故晚回家、交流变少、关系疏离，直到双方相互不理，更有些男人果断地提出分开，去寻求他想要的自由，或找另一个需要他或崇拜他的爱人。

灾难三：它减弱男人家庭归属感

这些老妈子行为让他在婚姻和家庭产生挫败感，觉得自己什么都不会做、做不好，或不知道自己可以做些什么，因为另一半把所有事情都做了，他变得更不会做，而另一半就要做得更多，形成负面的循环，造成他更加不成熟和不负责任。

这样的情况也导致他对家庭的参与和投入变少，觉得自己对家庭是不重要的和没价值的，最多就是赚钱养家的工具，找不到自己的角色和位置，逐渐对家庭失去归属感和成就感。

作为爱人而不是老妈子

如果你在伴侣关系中已经成为老妈子，甚至是资深的老妈子，你要对这样的情况做出改变是需要经历一段惨痛的适应期的，开始可能会变得有些混乱和不习惯，但这是你和另一半迈向新的互动关系的必经过程。

改变一：用"成人对成人"的说话方式

要改掉你在另一半心目中老妈子的形象，先改变你对他说话的方式，从"父母对孩子"改变为"成人对成人"的说话态度和语调，你可以先想想你平常是如何和朋友或同事说话的，不是生气的吼叫，也不是严厉的命令，更不是吓人的威胁或无情的指责，例如，"你要讲几次才会听"、"你再这样给我试试看"、"你简直笨死了"。

你可以改变你们对话的方式，保持礼貌和尊重，表露想法和进行沟通，善用"问他而不是告诉他"（Ask, Don't Tell）的方式，例如，尝试使用一种平等的态度做出邀请或讨论"你晚上回来可以换个灯泡吗"、"你觉得我们周末要安排什么活动"。

改变二：相信他能为自己的事情负责任

男人若有女人的信任和鼓励，他会变得更加强大。首先，让他去做他自己可以做的事，你可以想想什么是他自己的责任或问题，如找带回家的文件、记得和朋友重要的约会。当然，不是要你完全不用理会他，而是要有健康的界限，可以提供他需要的帮助和支持，但不是包办所有事情。

其次，让他有成熟的机会，你要有耐心地等待和支持他，给他尝试错误的机会，即使他做错或做得不够好也不要担心或自己接手去做，记得，他能照顾好自己才能照顾你和家庭。

再次，你需要学习尊重他，包括他的能力、想法和价值，你可以尝试把他当作是你可信任的朋友，你要给予的是鼓励和支持而不是掌控。

唯有伴侣两人都是健康和成熟的个体，才会有更加幸福和满意的两性关系。当你下定决心不再当另一半的老妈子，努力改变那些唠叨、包办、提醒、否定、指正的习惯，会使自己的生活更轻松自在，对另一半也更有吸引力，成为他的爱人和伴侣。当你自己更像个女人的时候，另一半也会变得更像个男人，更值得你的信赖和依靠。

读懂男人的内心世界

如果说女人心如海底针那样难懂，那么男人心的深奥难测可用海底沙来形容，因为男人常是不轻易表露自己内心世界的。让女人更为沮丧的是许多男人甚至不知道自己内心真实的感受或想法是什么，对自我的情感和需求的感知力是很低，难怪女人常会发出不平之鸣："到底你在想什么？"

日本玩具制造商 TAKARA 公司开发了一种称为 Bow-Lingual 的"狗语翻译机"，能从狗的叫声进行分析，辨识出狗的六种主要情绪或情感反应，包括挫折、警觉、自我表现、快乐、悲伤、欲望，并转换成文字传到主人手上的接收器，可能显示："我受不了"、"我很无聊"等字句。想想如果你能拥有一台"男人心翻译机"那该多好，能够让你更轻易读懂男人内心到底在想些什么。

为何女人难懂男人的心

女人要读懂男人的心，就如男人要读懂女人的心一样困难，因为男人女人在情感和思维上本来就存在差异，"换位思考"在大部分时间是不管用的。如同样在工作上遇到困难或挫折时，女人常是期待男人的倾听，并获得安慰和同情。但是对男人而言，你的安慰和同情可能会得到反效果，他听到的会是"我就知道你不行"，他心里更期待的是你的信任和鼓励，如

"我相信你有能力可以解决这问题",或者和他一起讨论如何想出办法来解决。

你可以测试一下自己是否真的读懂男人的心,如果你能轻松回答以下这些问题,而且你的答案又得到了另一半的认同,那你就可以被称为大师了。

- 男人遇到困难为何总是不肯求助和表现得自己很坚强。
- 男人为何不喜欢表达自己的内心世界。
- 男人为何回到家喜欢打游戏、看球赛或独处,而不是陪伴家人。
- 男人为何容易发脾气。
- 男人为何比女人更无法容忍另一半外遇。
- 男人为何更关注女人的生活需要但却往往忽略情感需要。
- 男人为何喜欢给女人建议,但却常不喜欢女人给他建议。
- 男人为何希望女人更独立,但又希望女人觉得很需要他。
- 男人为何不喜欢听女人对他的抱怨。
- 男人为何不喜欢聊天或交流。

读懂男人内心的老实话

男人心语一:如果你感到幸福快乐,我会感觉自己是有能力的,对你是重要和有价值的

这是男人对伴侣关系的重要宣言。当女人经常表达不满和抱怨,他会愤怒地说"你可不可以快乐点"、"如果你这么不快乐,干脆分开好了",其实他不是不在意你的感受和需求,而是因为你的不快乐让他感到沮丧和无

力，觉得无法取悦和满足你是他没有能力，或对你已不再重要，甚至觉得他再怎么努力也没有用而想要放弃。

如果女人能向男人传达"因他而幸福"的信息，会给男人注入强大能量和动力，所以，先看到男人值得肯定的地方，给予赞赏和感激，如"和你在一起，我感到很幸福"、"我觉得你值得我倚靠"，而不要过度夸大他不足的地方，如"和你在一起，我没有过上一天好日子"、"我看你一辈子不会有什么出息"。

男人心语二：当我受到你的爱慕或崇拜，我感到自己是有魅力的

如果说女人在寻找"爱她"的男人，那么男人是在寻找"崇拜他"的女人。但当两个人相处久了，会发现对方许多缺点和不足，因太了解男人而觉得实在没有值得你欣赏的地方，更别说崇拜了。当你又有意或无意提到其他男人，如某个明星长得多帅、某位男同事能力多强，更容易激发他的不安全感和敌意而不满地说"这有什么了不起"、"你是不是喜欢他"，其实，他心里想说"我希望成为你唯一欣赏爱慕的人"。

如果你能学会观察男人值得欣赏的特质、能力、成就或外表特征，会赋予他在伴侣关系里更强的力量感。这样的心语可以说明为何男人那么喜欢和其他女人搞暧昧、甚至外遇，他心里好像在说着："如果我找到欣赏和爱慕我的人，这样我会感到我还是有魅力的。"

男人心语三：我生气是因为我不知道如何处理或因应你的情绪

你可能会发现男人总是爱发脾气，特别是在面对女人的情绪反应时，例如，当他看到另一半伤心地哭泣，他会不耐烦地说"不要哭了，这有什

么好哭的"。其实,并不是他不理解你受到的委屈和悲伤,只是他不知道怎么安慰你而感到不知所措,所以,生气常常是男人自我防卫的武器,用来逃避其他的情感反应,如悲伤、内疚、害怕。

在你们发生冲突或争执的时候,当他觉得自己说不过你,或者不知道要说些什么时,也会愤怒地说"你不要说了"、"你闭嘴好不好",其实他是尝试用生气来停止谈话,因为"我实在说不过你,如果你再继续说的话,我不知道如何应对"。

男人心语四:让我先放松一下再说

你会发现许多男人回到家里喜欢往沙发上一坐就看起电视或报纸,在晚餐之后躲到书房去打游戏,你可能会感到很沮丧,觉得他不够体贴或他不关注你。如果你开始唠叨、抱怨,他可能会烦躁地说"你不要管我那么多"、"你不知道我很累",甚至会说"这种日子怎么过"。其实,他心里想说"我在外面感到压力很大,希望回到家里能够放松一下,再去关注你或做你要我做的事",如果你没有读懂这个心语而继续纠缠,他可能干脆更多地躲到自己的世界中去,来逃避和你的接触。

另外,有些男人会在周末想出去运动锻炼、和朋友一起聚会、去做感兴趣的事,如果你抱怨他没有陪伴你,他会用"我连这点自由都没有"来表达"我需要到外面透透气、放松自己"。

男人心语五:你的建议不错,但我按照你的话去做就代表我是不行的

你会发现男人很喜欢给别人建议,告诉别人如何去做,但当你对他的问题善意地提出建议,告诉他应该怎么做,他往往会回应"我自己知道怎

么做，不用你管那么多"、"我早就知道，还用你说"。这是男人自尊心在作祟，害怕被你认为他不行的常用语，其实他心里可能在想"我知道你的建议不错，但是，我如果按照你的话去做，就代表我是不行的"。

男人在外面常会听取同事的意见，但对另一半的意见总是抱持防卫的态度。所以，别太快给他建议，或用他可以接受的方式，如自我表露"我以前也遇到这种情况，那时我是这样做……"，尽量避免用"我告诉你应该怎样做"的态度和语气，他会认为你实际上在说"我就知道你很笨，连这个都不懂，还要我教你"。

男人心语六：我实在不知道怎么回答，希望你可以更实际一点

女人会喜欢问男人："你爱我吗？"也许刚开始他还会敷衍地说"爱啊！当然爱"，到后来就变成不耐烦地回答："你可以不要再问这么无聊的问题吗？"其实他这么说并不是不爱你，而是希望能更为实际和具体，他宁愿你问："你愿意为我们有更好的生活做出努力吗？""你愿意买给我想要的礼物吗？""在我需要你的时候，你会照顾我吗？"或者"你可以拥抱我吗？"

因为大部分男人在爱和情感表达上是行动派而不是话语派，他宁愿用实际行动表现出对你生活的照顾和关怀，胜过使用甜言蜜语。这可能会让你感到他不够浪漫，因此你可以先肯定他所做的表达爱的行动，再尝试邀请他一起观看些爱情影片或听些情歌，或者你先对他说出来，引导他更多地用言语来表达对爱和亲密的想法。

男人心语七：当你接受我的性邀请代表你接纳我

在伴侣关系里，性是用身体表达爱和接纳的方式。当你拒绝他的性邀

请，他会感到自己的自尊因为被拒绝而受到伤害，特别是你因为伴侣冲突而有负面的情绪，冷漠地对他说"不要碰我"，他可能会恼怒地回应"不碰就不碰，有什么了不起"，或低声下气地说"不要这样"，但其实他心里真正的想法是"你拒绝我的性邀请就是拒绝我，你接受我的性邀请就是接纳我"。

男人有时候会想透过性爱表示和好，这会使女人无法理解，为何男人能前一分钟吵架而后一分钟就想做爱。所以，若非特殊缘故，如身体疲累或不适，请避免无情地做出拒绝，使他感到受伤，甚至产生反感或嫌恶的心理。

男人心语八：我不讲话并不代表我不在乎，而是还没想好

女人常会感到纳闷的是：为什么男人常不讲话？当你问他对一些事情的意见，通常得到的答复是"都可以"、"随便"。如果你要找他讨论事情，他往往会说"以后再说"、"我现在不想谈"，其实并不是他没意见或不在乎，而是"我还没有想好，等我想好再说"。所以，你要和他讨论事情，可以事先告诉他，你要和他讨论些什么，并约定时间，让他先有心理准备和事先思考。

你也会发现男人并不喜欢聊天、交流，当你要和他交流，他可能会告诉你"没有什么事情好说"，问他今天过得如何，他总会说"还好"。其实不是他不想和你谈话，而是心里想着"我实在想不到有什么问题要讨论或解决"。这是因为男女对谈话有不同需求，女人谈话是为了要联系情感，而男人却是要解决问题。

男女情感要能持续维系和紧密连结，就需要双方都能读懂对方内在的情感和需求，你可以透过以上这些男人心语的揭露，当你和男人互动时，先暂停一下，想想"他心里在说些什么"，帮助你能正确解读对方的话语和行为，也鼓励自己能给予理解和包容，并做出努力满足对方的内在需求，创造更为满意的伴侣生活。

减除的阻碍

DEDUCTION OF THE BLOCK

对付六大难缠的男人类型

哪种男人容易审美疲劳

如何叫男人说真话

当你所爱的人是宅男

叫男人不敢外遇

想好再说分手，婚姻关系抉择的智慧

对付六大难缠的男人类型

有些男人天生就很难相处或不适合结婚，他的性格和习惯会让女人无法忍受。但在认识交往的恋爱期间，你往往会被他表现出来的一些假象所蒙蔽，另一个原因是"情人眼里出白马王子"，没有觉察到他一些性格上的致命缺点。

我们将列举六种史上最为难缠的男人类型，描述他的情绪、思维和行为特征，帮助你识别他们，也分析形成这样男人的主要原因为何。如果你们还没结婚，那你最好能远离这样的男人，除非你能掌控和驾驭他。如果你们已经结婚，你也不用太悲观，我们也将提供你一些有效的建议，帮助你能和这样的男人相处，以及对他产生正面影响，提高你的信心和力量。

类型一：暴力男/鲨鱼型

这种男人在生活和工作环境里经常表现易怒、暴躁、没有耐心，常因一些小事就大发脾气、与人争执，让周围的人感到焦虑不安。即使对待家人也常带着敌意、喜欢挑剔和批判，很少会去欣赏、认同或感激另一半。在伴侣冲突时，常表现出凶恶的表情和眼神，有时会用粗暴言语或肢体攻击对方，他可能在施暴之后表现出极度后悔和做出补偿，但过不了多久又再犯，家人在害怕和痛苦里忍受。

这种男人可能会在你们认识交往的恋爱期间尽力隐藏他的暴力本性，但仍然可以从一些地方觉察出来，例如，对待他人或动物有虐待情况，常勉强别人要立即按照他的意思去做，会因生活小事表现不合理的愤怒和失控，如别人不小心撞到他、别人超车。这种男人可能是在成长阶段曾受到暴力虐待或受到他人的歧视、伤害，或者目睹父亲暴力虐待母亲。

你最好远离这种暴力男，如果你们已经结婚，你要避免激怒他，当你发现他开始大声讲话、表现不耐烦，你要暂停说话或转移话题。他通常会有一些让他容易感到不满和愤怒的"地雷"，如觉得不被尊重、故意伤害他的自尊等，你要知道和避开这些雷区。

类型二：冷漠男/棕熊型

这种男人给人的感觉是冷淡、冷漠的，很难设身处地为他人着想，也难以体会别人的痛苦和苦难，对于家人或朋友的情感和需求也较慢觉察，往往为了逃避情绪的混乱和纠结而采取自我保护的退缩。他可能只顾自己的需要和感觉，很少关心别人的需要和感觉，对于别人的情感和需求的感受力很低，或认为不重要而刻意忽略。当你和他相处时，你会觉得很难和他有情感交流，在你感到悲伤或沮丧时，他可能不知道该怎么办。

和他刚认识的人，会觉得他比较严肃、有点"酷"，其实不是，这是他自我情感封闭，较难表现爱和情感，也无法适当回应别人对他的情感的表现。你会发现他很少和家人、朋友联系，更少主动关心他们。他和你说话时，脸部表情较少、很少表达情感，甚至不太喜欢交流和互动，和这种男人生活在一起会觉得很"闷"。他可能是在缺乏爱和温暖的家庭长大的，没有被爱过的人往往不知道如何去爱别人。

当你们已经结婚，你只好用你的爱和温暖慢慢帮他"解冻"，让他感受到和你在一起是安全、自在的，解除他的自我封闭和防卫。先和他一起做些他感兴趣的活动、谈些他喜欢的话题，再鼓励他多些情绪和情感的表达。当你期待他做些什么时，最好是你能直截了当地告诉他，因他较难猜测或感受到。

类型三：猜疑男 / 毒蛇型

如果你和这种男人生活迟早会被他逼到发疯。他表现出非常敏感、嫉妒心超强，对于你和其他男人的正常社交或互动，会不断地追问和纠缠，猜疑和质问你和对方是否有暧昧或性关系，甚至他自己会幻想和编故事，猜测你们做了什么，更疯狂时会跟踪你、不时查看你的手机。虽然，他口口声声说他这么做是因为他太爱你、关心你、不想失去你，其实，这是他自卑、不够自信和缺乏安全感的表现，这种男人还真不少。

这种男人会注意细节、喜欢翻旧账，当你们认识交往时，他会对你过去的恋爱经验感兴趣和追问。当你参加的聚会或联谊活动有其他男人在场，或者你和一些同事出差，其中有男同事，他会表现过于担心和急躁不安，不断追问和紧迫盯人，你们会经常为这类事情争执。你也不能在他面前称赞其他男人，即使不是你们生活中认识的人，如某个男明星长得很帅或很有才艺，他也会开始怀疑你是不是觉得他不够好，想和其他男人在一起。

如果你已和这种男人结婚，你最好先安慰自己，他很关注你、需要你。

当你参加的活动有其他男人时，一是善意隐瞒以避免麻烦，另一是主动告诉他和邀请他参加。长久之计是帮助他提升自信和自尊，多表达你对他的欣赏和肯定，如告诉他，他有多么棒、你是多么爱他、多么需要他、他是你唯一的男人，不管是真实的或忽悠的，这样能减少他的敏感、焦虑和猜疑。

类型四：滥情男／种猪型

这种男人很难抵挡诱惑和克制性冲动。他常会和许多女人纠缠不清、搞暧昧，包括前女友、女同事、有生意往来的女人、女服务员、和朋友喝酒认识的女人、应酬时认识的"小姐"等。他还会自诩自己感情丰富、是多情种子，其实，只是喜欢迷恋的感觉、放纵自己的性欲望。这种男人习惯用下半身来思考，在婚姻或情感关系里是无法被信任的，也严重缺乏对婚姻的忠诚承诺和责任感。

当你和这种男人认识交往时，他可能还和前女友有联系、甚至还偶尔有性爱关系，他会告诉你，他忘不了对方，或者你发现他同时还和其他女人（们）交往。即使你后来击败其他竞争对手，也不要高兴得太早，他再度劈腿或外遇的可能性没有100%也有90%。因此，这种男人就算其他条件有多好，开着宝马、住着豪宅、有大事业，也要离远一点。

如果你已经和这种男人结婚，你会时时感到"惊讶"，他经常借故工作忙要加班、出差无法回家，你也会偶尔接到奇怪的电话，或者有个女人找上门来。目前没有降低男人性激素或性冲动的药丸，不过，你可以和他先约定并让他知道他搞外遇的严重后果，掌握他的行踪、不要被他轻易忽悠，掌控你们的财产、不要让他身上有太多钱。当然，你们若能维持美好的性爱和激情也会有所帮助。

类型五：偏执男/野牛型

　　这种男人表现出极端主观，倾向用自己的观点来看事情，无法接受别人不同的观点和意见，无论在任何情况下都常常会抵抗或争辩，不能忍受自己是错的，要别人说他是对的。他很难和人进行冷静理性的沟通，也无法和家人、同事和谐相处。这种男人也会表现出过度掌控，想要控制和改变别人，常要别人接受他的观点、要别人按照他的方式去做，他往往不管别人的感觉如何，总是要得到自己所要的，除非能够掌控情境，否则他就感到焦虑不安。当你和这样的人生活，你会经常觉得身心疲惫。

　　这种男人可能学习他过度掌控的父母、老师或其他权威人物，过早就开始担负重大的责任，或者以往经历过严重的伤害或挫败，以致他变得偏执。当你和这样的男人结婚或生活在一起，别指望太快改变他，要避免和他争辩，告诉他，你们只是观点和想法不一样，没有对错或输赢。

　　如果你够聪明的话，先找出和同意他的意见或作法里较为正面、合理的地方，当你再指出你不同意或你认为不合理的地方时，他接受的可能性会稍微高一点。偶尔可以挑战他，温和地问他，除了这种想法和做法，有没有其他的可能性，或者问他，当他这么做，别人的感受会如何，这样也许能增加他思维的可能性，以及理解他人的感受。

类型六：幼稚男/绵羊型

这种男人心理素质低、内心极其脆弱、抗压能力低，经不起一点挫折，他像个长不大的孩子。他经常表现出对父母、领导或他人的过度顺从，无法充分或勇敢表达他真实的感觉或想法；做别人要他做的事，不论他是否喜欢；常会轻视自己和过度夸大别人的重要性；即使是他自己可以做好的事，也要寻求你或别人的意见或帮助。这种男人往往缺乏担当，没有勇气和力量负起该负的责任和行动。

当你刚和他认识交往时，会认为他很孝顺、听从父母的话，或觉得他很温和、不会有太多意见。其实，是他没有主见、缺乏独立自主性，当你们要做出重大的决定和行动时，他往往表现出不敢决定和负责，以及逃避、退缩。这样的男人背后往往有个过度掌控的母亲，他还是他母亲的"宝贝儿子"。

如果你已经和这样的男人结婚，那么尽量远离他父母的掌控范围，避免他父母过度介入你们的生活。接下来，想方设法提高他的自尊、增强他的心理素质，在你们讨论家庭事情或社会事件时，鼓励他表达自己的意见和想法，并给予接纳和肯定，也能让他独自承担责任和独力完成事务，并给予赞赏和感激。如果你希望自己不要照顾他一辈子，且期望他能像个男人一样，能照顾你和家人，那就要花点心思帮助他赶快长大，从小事情到大事情，让他做他能做的决定。

好男人会让女人倍感爱和幸福，难缠男人只会带来纠结和痛苦，你要用明亮眼睛和智慧的心，觉察和远离暴力男、冷漠男、猜疑男、滥情男、偏执男、幼稚男。一个好男人能掌控自我情绪，能感受你的情感和需求，能给予你充分信任，能对婚姻忠诚并承诺，能客观和尊重你，也能心理成熟和自主。

哪种男人容易审美疲劳

审美疲劳已是现在许多伴侣无法避免的结局，它使欣赏和爱慕失去，亲密和激情消退。伴侣审美疲劳要比争执冲突更为可怕。伴侣需要觉察疲劳的征兆，也要在自我外表、生活方式和互动习惯上做出改变，才能找回起初的爱。

前一段时间我利用空闲时间到江西婺源观看油菜花开，当一片片黄澄澄的油菜花开始映入眼帘时，一行人不约而同发出阵阵"哇"的惊叹声，也不停地照相留念，但随着观赏时间久了，兴致好像减退不少。当车子又驶入一片油菜花田旁，似乎大家心里都在想着"唉，又是油菜花"，油菜花的艳丽没有变，但观赏者似乎是没有了最初的兴致，原本的兴奋感也减低不少。

长久相处容易产生审美疲劳

本来"审美疲劳"指我们对某些事物随着接触时间或次数增多，内心兴奋强度出现减弱现象，美感也逐渐消失，甚至感到厌烦或失去感觉。我们对生活中的事物是这样，如食物、活动、工作，对亲密的人也可能这样。电视剧《手机》中大学教授费墨的一句话"在一张床上睡了20年，的确有点审美疲劳"，似乎点出许多伴侣内心对情感关系的想法和焦虑。

你可能会怀疑和担忧，即使起初多么相爱的伴侣生活相处时间久了，最终都会对另一半变得审美疲劳。两人的亲密和激情逐渐减弱，彼此失去兴趣和爱慕，甚至变得冷漠或厌倦，生活开始变得枯燥无味，性爱的兴奋和高潮减退，甚至开始无性生活。根据台湾地区婚姻情况的调查统计，婚龄在 5 到 9 年的夫妻是离婚率最高的；另也有调查显示这段婚龄也是外遇问题的高发期。"喜新厌旧"或"七年之痒"是所有伴侣的噩梦？对抗审美疲劳就像对抗地心引力一样困难？

伴侣审美疲劳症候群的征兆

婚姻冲突或危机并不可怕，因为我们都会有"病识感"能意识到问题或痛苦的存在。其实，审美疲劳才是最危险的无形杀手，随着相处时间越久，伴侣往往忽略在另一半面前的形象维持、生活一成不变或单调无聊，更多看到对方缺点和不足，对另一半的兴趣和爱慕减弱，生活中彼此忽略、相互不理，这样不断恶化的关系往往会走向痛苦和结束。而审美疲劳也势必导致情感疲劳和性疲劳。

你需要意识到审美疲劳是否已开始侵蚀你们的情感关系，你可以从你们平常的生活互动里觉察是否双方或一方已经有了"审美疲劳症候群"的征兆，能够及时做出因应和改善。我们把伴侣审美疲劳的症状分为"感官疲劳"和"感觉疲劳"，感官疲劳指的是视觉、听觉、嗅觉、触觉、味觉的疲劳，如看到对方会感到烦躁、听到对方唠叨就心烦、逃避身体的接触等，而感觉疲劳是已经侵入到情感和观感，如变得不在乎对方感受、认为对方不再有吸引力等。

以下测验是帮助你和另一半清楚评估你们出现审美疲劳的程度，以提醒你们及时做出改善。对于每个问题按照你们实际的感受、态度或行为回答，填写分数 0 到 5，分数的意义分别为：5—总是、4—经常、3—有时、2—偶尔、1—很少、0—从不。

1. 你（他）会挑剔对方的小毛病。
2. 你（他）听到对方说话会感到烦躁、没有耐心。
3. 你（他）会借故加班或其他事情而故意晚归。
4. 你（他）觉得对方对你不再有吸引力。
5. 你（他）会回避和对方有亲近的身体接触。
6. 你（他）会刻意避免和对方待在一起。
7. 你（他）忽略或不在乎对方的情感和需要。
8. 你（他）对对方没有性欲望。
9. 你（他）觉得和对方在一起感到无聊或无趣。
10. 你（他）觉得对方不在的时候反而觉得轻松。
11. 你（他）觉得和对方无话可说。
12. 你（他）忽略对方的存在，不关注对方做些什么。

当你作答完，请把每题得分加起来计算总分。如你的总分在 40 分或以上为重度疲劳，30～39 分为中度疲劳，20～29 分为轻度疲劳。

容易审美疲劳的男人类型

也许你心里会有个疑问，是否所有伴侣在婚姻生活中都会或很快对另一半变得审美疲劳？一般而言，男人要比女人更容易或更快对另一半产生审美疲劳。当然，这可能是因为女人在婚后将生活重心转向孩子和家庭，会勉强压抑或忍受自己的疲劳状态，而男人却寻找其他情感对象获得身体或精神上的满足。

接下来，我们要来看看什么样的男人较容易有审美疲劳，我们可以从男人的个性或特质，以及他表现的情感或行为倾向做出以下十个方面的具体观察和评估。当然，这些评估是相对的、而不是绝对的，就是说，相较之下具有这些倾向的男人在生活中对另一半较容易产生审美疲劳，而不是一定会有。

- 他过度注重和强调美貌、身形、妆扮。
- 他社交过度活跃，让人觉得他静不下来。
- 他生活较没有规律，倾向想到就做、没有计划。
- 他的兴趣爱好或工作经常变化，对一项活动无法持久或很快会失去兴趣。
- 他过度喜好或沉迷玩乐。
- 他喜欢冒险刺激或追求流行时尚。
- 他喜欢和追求浪漫，常随着自己的感觉做事。
- 他有完美主义的倾向。
- 他过度强调性爱刺激和激情。
- 他喜欢把你或自己和他人做比较，因而经常挑剔或发牢骚。

具有上述倾向的男人常在伴侣关系里存在不安定因素，让另一半感到不稳定和没有安全感。其实，越会搞浪漫或表现过度温柔的男人，往往一开始爱得死去活来，但也容易很快对你失去兴趣和激情。反而，"居家型"男人给人稳定和值得依靠的感觉，虽然，他给你的感觉不是那么浪漫或热情。

伴侣关系要更新而有变化

要预防或改变伴侣审美疲劳并非无良策，首先，你要用点心思觉察造成你们感到疲劳的来源和问题，并及时做出因应和改变。

变化一：外表的改变对抗感官疲劳

倩雪和弘亮生活在一起已经三年时间，这几年两人为有更好经济情况忙碌，为节省开销，她很少添购衣服、饰品或化妆用品，也很少打理头发，发型数年不变。在弘亮眼中，倩雪那份朴素已变成邋遢，不仅是视觉疲劳更是视觉痛苦。倩雪要了解男性大都是视觉刺激，她需要改变自己外在的形象，如改变发型、变换衣服款式、买和穿新的内衣和睡衣等，这样的改变会让另一半"眼睛一亮"，产生不同感觉。

保持或增进自己身体的吸引力，不仅能减除伴侣审美疲劳的担忧，更是关爱和照顾自己的表现，使自己心情愉悦和感到自信。你可以尝试在镜子面前详细观察自己，也问问你自己："我喜欢自己吗？"哪些地方是我感到满意的？又有哪些地方是我感到不满意且需要改善的？

你也可以邀请另一半真诚地给你他的意见，希望你做出哪些改变，并请他能陪同你一起进行，如买他喜欢你穿的内衣和睡衣，或者喜欢你使用的香水等。这和做菜的道理一样，同样的材料可以变化一下做法和口味，增加新鲜感和食欲。

变化二：小别胜新婚对抗生活疲劳

羽嘉和德明除工作时间外两人几乎都腻在一起，她做什么事情都要求对方一起做，如吃饭、逛街、看电视、睡觉。德明刚开始会觉得两人很亲密并感觉被需要，但久而久之，他就觉得成为习惯并感到受约束，也失去新鲜和渴望感。对稳定生活形态的伴侣，在一定期间小别几天有助于重新唤起对另一半内在的渴望和需要，羽嘉可以回父母家住几天或和同性朋友旅游几天，时间可以是三到七天，一或二天太少还没产生分别的焦虑感，太久又可能会使双方变得生疏。

其次，伴侣生活过度紧密也容易导致审美疲劳。在平常生活当中，如果双方各自拥有适当的一些时间独处，或做一些他们想单独或和朋友去做的事情，能减缓因为压迫感造成疲劳的现象。你们可以一起讨论和安排哪些时间和活动是你们各自拥有或去做的，哪些又是共同相处和一起做的，在归属感和自由感中取得平衡，帮助双方都有各自放松和调适的时间，也有助于调节自己的心情和更有能量投入伴侣共同时间和活动。

变化三：改变坏习惯避免加速疲劳

伴侣需要探讨哪些生活互动的坏习惯会加速疲劳发生，即使是小的坏习惯也会随着时间越久和经常发生，使不满和厌烦情绪不断放大。飞扬一回到家就开始受到玉珍的疲劳轰炸，如"不要把衣服和袜子乱丢"、"吃饭不要那么大声"、"真受不了你的家人"。玉珍需要改变这些批评、指责、抱怨、唠叨的坏习惯，转化为支持、鼓励、信任、尊重的好习惯，如"我知道你今天累了一天，需要放松一下"。伴侣彼此改变对方不喜欢的习惯，能产生新的和愉快的氛围。

同时，伴侣需要有更深层次的互动连结才能不断更新伴侣关系，避免审美疲劳。梦路很注重流行时尚和谈八卦，想的和谈的都是那个明星如何、刚推出的名牌服饰和皮包、办公室那个人怎样。成礼开始虽不感兴趣但仍勉强听，但最后实在感到无法忍受，只能说"我们可以谈些别的吗"，他对于这些肤浅事物和另一半感到疲劳。所以，伴侣交流不要仅停留在生活会话，而是能有更多的思想和情感的交流，关注点也能从现实生活转移，分享未来共同的理想和目标，使伴侣关系从生活面进到生命面的连结，使伴侣关系不断更新和丰富。

其实，男人女人都会审美疲劳，男人较多是感官和外在的疲劳，女人较多是情感和内在的疲劳。伴侣要能在人生路上走得更远，甚至白头偕老，同时又要保持两人彼此的身体渴望和情感爱慕，就需要在外在和内在两方面都刻意做出更新变化，这样才能保持你们的爱的新鲜度。

如何叫男人说真话

英国有项关于两性的调查，结果显示男人平均每天说谎五次、女人只有三次，乍看就能知道男人比较不值得信任。确实男人往往嘴里所说的和心里所想的会不一致，或者所说的和事实有所出入。这样的情况可能和男人的成长经验有关，男孩通常比较顽皮、好玩，经常做些让母亲生气的事情，如弄坏东西、没做完作业，为逃避责骂或处罚，开始学会说谎或隐瞒，甚至成为习惯性说谎，这问题随着成长和结婚就转移到了伴侣关系里。

在男人众多谎言里以"类谎言"居多，这类谎言较多是非故意、脱口而出的，也是非恶意、不是要伤害你的。

光远遇到工作上的麻烦、情绪低落，脸部表情紧绷，老婆问他"是不是发生什么事情"，他敷衍地回应"还好"、"没什么事"；宾实经常忘了老婆交代要他办的事，如缴费、存钱、打电话给家人等，老婆问起"我交代的事办了没"，他才惊讶想起但立即恢复镇静，回答"办好了"、"早就做好了"，他心想先敷衍、明天再去办；建柏偷瞄几眼擦身而过的美女，身旁的老婆不悦地问"你是不是在盯着刚才那个女生看"，建柏不假思索地回答"我哪有"、"你别那么敏感"。

男人说谎大都来自女人的压力

有人说：男人一半的谎言是因为女人的压力，虽然，听起来好像是为男人说谎找借口,但也有点道理。当女人能更了解男人为何爱说谎的内在心理,如他的真实动机和想法,将有助于做出妥善和有效的回应。

- 男人害怕麻烦。当男人预期他说了实话,会招致另一半的唠叨、追问、猜疑,甚至责骂、争吵时,大部分男人会选择隐瞒不说,或编些谎言忽悠老婆。如老婆再三告诫不要借钱给某人,力行却经不起对方的哀求,还是借钱给对方,老婆发现为何他从银行取钱,他只好欺骗说是父母家的空调坏掉要换新的。
- 男人维护自尊。男人认为在女人面前承认自己有问题、能力不足、情绪低落是有损尊严的,认为另一半会看不起他。亮哲在工作上发生错误、招致领导的严厉批评,他选择隐瞒不说,一是怕老婆为他担忧,更多是怕老婆贬低他"我早知道会这样,叫你工作认真点,你不听"、"早告诉你,要换个工作"。
- 男人虚荣作祟。有人说:"女人说谎是为了让别人感觉好受些。男人说谎是为了让自己看上去更好些。"许多男人有"英雄情结",希望在另一半面前扮英雄、受到爱慕,开始捏造或夸大自己,如自己能力多强、业绩多好、收入多高、人缘多好等,如果女人轻易相信和露出爱慕眼神,他的谎言只好越吹越大。
- 男人恶意欺骗。这情况出现最多的是男人和其他女人搞暧昧或外遇,这时男人为了隐瞒,开始经常和大量说谎,成了"说谎专业户"。明辉告诉老婆要出差,其实是和第三者出游;深夜几次收发短信,谎称同事急事找他,其实是和第三者谈情说爱;老婆有急事打电话给他好几通,他都没有接听,骗说他在开重要会议,实情是和第三者在喝下午茶。

男人常说的八大谎言

男人的谎言可以说是千奇百怪，如果把男人的谎言按常出现的频率，以及对伴侣关系伤害的程度排序，可以排出"八大谎言"。

- 发生外遇。广义来说，可以包括：到情色场所买性、交际应酬有女人作陪、和其他女人发生一夜情、和第三者已交往一段时间、包养女人，男人为隐瞒这事会说许多大大小小的谎言。
- 偷藏私房钱。也许他不一定是恶意或计划要干什么坏事，他只是觉得身上有些钱比较有安全感或好办事，所以，他可能会隐瞒自己的工资收入、奖金或其他金钱来源。
- 不良习惯。许多女人不喜欢另一半抽烟、喝酒或赌博，但男人可能会偷偷地做，尽量不让老婆知道、省得被唠叨，如自己满身烟味却怪说开会时旁边的同事抽烟。
- 借钱给朋友或其他家人。对喜欢交朋友的男人，或为了表现自己很够朋友，会未经老婆同意，把钱借给朋友或其他亲戚，有些男人暗地拿钱给父母或其他家人，不想或不敢让老婆知道。
- 承诺却未做到。男人对另一半做出承诺但未去做的原因很多，一是他根本没这本事做不到，为了安抚对方只好信口雌黄；另一是老婆要他去做的事他不想去做，虽然答应但一直拖延；还有真的忘了，为避免麻烦会谎称已办好，再想办法弥补。
- 隐藏情绪。男人很少会在女人面前表露情绪，特别是沮丧、悲伤等负面情绪，他觉得这是软弱的表现，无论是没获得升迁、重大错误、甚至被裁员等工作问题，或者交通违规、家人生病等生活问题，大都以"没事"、"我很好"等话语敷衍对方。
- 遭遇困难。男人遇到问题或困难往往会尝试自己去解决，而不是告诉他人、寻求安慰或帮助，对另一半也是这样，小到开车迷路、大到失业或投资重大损失，你说他是害怕你担忧也好，或是恶意隐瞒也好，他就是非到最后关头不说。
- 加班而做别的事情。"加班"是男人做其他事情的常用谎言，其实他是刻意逃避和你接触，避免和你的冲突；或和朋友去聚会、玩乐；或自己想在办公室待着、独处一下，或想些事情；或去做些不想和你说的事情。

识破男人说谎的技巧

女人面对男人说话或辩解时，心想如果男人像《木偶奇遇记》中的木偶皮诺曹一样，一说谎鼻子会不断变长，那该多好。面对男人说谎，女人需要学会辨识的技巧，免得让男人觉得你傻傻的好骗，可能会从小谎到大谎，或者隐瞒或欺骗的事情发展到无法收拾。即使再高明的说谎者，仍然可以从他不经意的肢体动作、声音声调和言语用字获得辨识真话或谎言的线索。

辨识一：肢体动作

男人可以轻易控制他要说些什么，但较难掌握肢体动作的表现，我们可从一个人的肢体动作觉察他的焦虑、不安、悲伤、愤怒等情绪，也可辨识他是否正在说谎或刻意隐瞒了某些事情。

男人说谎时可能会不经意地摸鼻子、抿嘴巴、揉眼睛、扯耳朵、搓脖子、眼神闪烁或逃避接触、双手抱胸、手放在背后或裤兜、面部潮红、坐立不安、额头冒汗、大口吸气、口干和吞口水。每个男人说谎时的习惯动作有所不同，你不妨仔细观察并作为你辨识的要诀。

辨识二：声音声调

男人在说谎时，说话方式会和平常有所不一样，包括说话的速度、声调、音量和音质。一般而言，他说谎时，讲话速度会越来越快，想要更快忽悠过去，但也可能故意放慢速度，因为他已经编好故事；其次，他可能会拉高音调，声音比平常更尖锐，这可能是他紧张的缘故；再其次，变得大声说话，让你以为他是理直气壮，其实是他心虚，故意大声来吓唬你；最后，音质部分，男人说谎会不自觉地讲话含糊不清，或有点结巴，或多了些"嗯"、"啊"、"喔"等语助词。

辨识三：口语线索

你可从男人说话时所用的词句来辨识，这些词句是男人弄巧成拙，刻意要强调他没有说谎而透露他正在说谎。这些词句有："我讲的都是真的"、"我不是你想的那种人"、"我不会骗你的"、"你不信，我也没办法"。如你能在他说这些词句时，仔细观察他的肢体动作和听听他的声音声调，那准确度会大大提高。

妥善因应男人说谎

当女人发现男人说谎将会逐渐失去对他的信任感，也会变得猜疑和充满不安全感。当她知道男人对她说谎，她会有个矛盾：是否要拆穿它，他会不会恼羞成怒或让事情变得不可收拾？所以，你要学会因应男人说谎，让男人放心向你说真话。

技巧一：让他有安全感

要让男人愿意说真话就要让他有安全感，如男孩对母亲承认自己在学校犯错、被老师处罚，如果得到的是理解和安慰，而不是责骂或惩罚，他才会放心说真话。女人对男人也是这样，表现你愿意倾听、接纳、支持或宽恕，即使天大的问题，你也会和他一起面对和解决，那样他会更有勇气向你说真话。但千万别在事后算账或翻旧账，不然他会感觉自己被骗，再也不会向你坦诚。

技巧二：给予合理的尊重

就如我们之前所提到的，男人许多谎言来自于女人的压力，所以要让他在合理界限可以自己做决定，不要让他在逼不得已的情况不断地说谎，而成为习惯性或变得无所谓，也让他知道哪些事情是你们可以一起讨论和决定的。

技巧三：有更强的掌握感

当你发现男人说谎时，虽然不一定要马上拆穿谎言，但也别"装傻"，装傻反而会让他以为你真傻、好骗，只会换来更多谎言，或使问题变得不可收拾。对事实更有掌握，让他知道你是聪明、不好骗的，才会有震慑效果。

技巧四：建立伴侣信任规则

让他知道伴侣相互真诚和开放才能建立信任基础。男人往往会认为有些事情不用说出来，或善意谎言是无所谓的，所以，伴侣需要一起讨论哪些事情是需要彼此交流或交代的。

技巧五：解读说谎的善意

女人如果能学习理解男人说谎的动机，正面解读他的善意，如怕你担忧，会让他感受到被理解和共情，但并不是要鼓励他说谎。有时候男人向你坦白或全盘托出并非是好事，那表示他想摊牌或已经没有什么顾虑。

《圣经》有句话说："惟用爱心说诚实话。"谎言和隐瞒破坏信任基础，侵蚀伴侣关系，伴侣要能彼此真诚相待，在爱里没有猜疑而是彼此相信。女人面对男人说谎，要能更深层了解他的心理动机，做出真伪的辨识，以及有效的因应，才能重建伴侣间的信任。

当你所爱的人是宅男

宅男不再是单身男人的专利,越来越多已婚男人也过起宅男生活,引发女人对伴侣无趣生活的不满,亲密和激情也快速消退。当你所爱的人是宅男,你需要有技巧地引领他走出他的洞穴,改变你们的生活方式,才能使你们的关系恢复生机。

幼怡和老公康盛相识交往的时候,虽然,感觉他较安静、话不多,但谈起他感兴趣的网络游戏或影片剧情却是滔滔不绝,也欣赏他不是个爱玩或整天和朋友腻在一起的男人。两人结婚并生活在一起之后,许多问题才暴露出来,例如,晚餐之后她想两个人可以聊聊天或出去散散步,或者周末她希望老公能陪她去逛逛街、超市购物,或到郊外走走,他总能找到借口拒绝或拖延,如上班很累、周末要补睡眠、有工作急事要处理,但之后却发现他不是专注打游戏,就是网络聊天,或看电视足球赛。他也不太理会她的抱怨,除非她大发脾气,他才勉强配合。

但令她最为不满和沮丧的是他总是坐在电脑或电视前,到了她想睡觉休息的时间,他常会说:"再几分钟就好了。"直到她睡着了,他也没上床,除非那一天他想要做爱,他才会早些上床。她尝试和他约定要改变作息时间,他头两、三次会配合,但不久就借故拖延回到原来的情况。她开始抱怨和做出威胁,于是两人约定周末要拨出时间一起打羽毛球、参加朋友聚会活动,但做了一两次,他又不想做,让她对这样的生活感到很失望,甚至想要放弃婚姻。

他是传说中的宅男？

当你和像康盛这样的宅男生活在一起时，初期你看到他除工作外，超喜欢待在家里，你也享受和他整天腻在一起的感觉，心里暗自庆幸自己找到一个爱家、顾家的男人；但过了一段时间，你才觉察这是你天真的错觉，他只是想待在家里而已。宅男给人的感觉是习惯把大部分时间放在网络、游戏、电视、动漫、看碟片等事物上，对外界的事物较不感兴趣，也不太喜欢社交、很少或没有朋友。

宅男可以说是一种生活习惯或方式，你可以观察另一半平常的行为表现，评估他是否是个宅男。对以下十个问题回答你同意的程度，5代表完全同意，3代表同意，1代表一点也不同意，分数越高代表同意的程度越高。

1. 他很少做运动锻炼。
2. 他的兴趣爱好很少或单一。
3. 他现实世界的朋友不多或没有。
4. 下班后或假日，他宁可留在家中上网或看电视而不外出活动或社交。
5. 他很少主动表达自己的感受和想法。
6. 他表现被动，总是等待别人做计划和行动。
7. 他喜欢独处胜于与人在一起。
8. 他对要花太多心力的事情总是拖延或拒绝去做。
9. 他对人不太感兴趣也不太喜欢认识新朋友。

10. 他不喜欢尝试新的事物，害怕失败或被嘲笑。

作答完毕，将每题所得的分数相加，总分在 40 分或以上表示他是极品宅男、30～39 分表示他是标准宅男。

宅男造成伴侣关系的危机

如果经过你的观察和评估，你的另一半已经是宅男，这种"宅"的行为不仅成为他较为安静退缩的生活方式，也会影响他的人生价值观和理想，那么他就会对工作事业的企图心和成就感较低落，不想做出冒险和挑战；他的心理素质会较低，思维较为僵固和缺乏弹性，容忍挫败和抗压能力不足，情商水平也往往不高。另外，这样的生活方式也可能导致他性欲低落、甚至有勃起障碍。美国一家研究机构在一项针对 20 岁以上美国男性的调查结果显示，其中有勃起功能障碍的人达到 18%，主要原因是久坐、缺少运动、上网或看电视时间过长、饮食营养不正常等不良习惯造成的。

当你的另一半是宅男，他的生活方式和互动模式也往往导致伴侣冲突和关系疏离，甚至引发关系结束的危机。除非你是宅女，不然你和他所期待的理想生活会有很大的差异，包括生活习惯、兴趣活动、情感表达、事业企图心、人生价值观、生活目标、假日活动安排、性欲和性爱方式等。这些差异没有获得有效的协调时，势必引发你的不满、愤怒和抱怨。如果他还不关注和改善，你可能会变得沮丧、抑郁和绝望。长久下来，你会感到关系疏离、生活无趣、未来无望，因此导致伴侣离婚或分手的案例也不在少数。因为女人已经到达无法忍受的地步，而男人仍然我行我素。

创意改变宅男的生活和世界

你要学会和宅男和谐相处，或进一步改变你们的生活方式并不困难，就是要采取有效和创意的技巧。再多的不满和抱怨，只会迫使他更想躲到自己感到安全的"洞穴"里面。你要让他觉得和你在一起是温暖和有趣的，并激发他对人和世界的兴趣和热情。

接纳他和进入他的世界

当他已经习惯"宅男"的生活，你想要马上改变他或要求他立即有大改变，反而可能产生反效果，他可能拒绝改变或故意拖延不配合，即使他勉强配合心里也会觉得被强迫和没自由，做了几次就会借故不去做，导致两人冲突增多和激烈。

因此，你可以先以开放态度接纳他和他的宅男行为，接受这是他喜欢的生活习惯、兴趣爱好、纾解压力方式，也是他的个性或特质，这样不仅会减少你对他的厌烦和嫌恶，也会发现他还有的优点和值得欣赏的地方。再进一步，找到一些他现在经常进行的活动，且是你也感兴趣或愿意参与的活动，如看碟片、网络购物等，建立你们生活中的共同活动和兴趣，但要谨防自己不要变成"宅女"。

尝试从生活小改变开始

如果现在的伴侣生活和你的期待差异较大，也不用太快感到沮丧和想要放弃，但也不要勉强对方要有天翻地覆的大改变，让双方都有一段适应期，不断进行"微调"，这样阻碍会比较小。小改变会带来大改变，先安排一些他愿意走出"洞穴"和尝试去做的活动，如陪你去超市购物、在晚餐之后到户外散步、周末一起找时间去按摩、邀请他和你一起动手做家务、陪你去看场话剧、和较熟识的朋友聚餐等。

对于他愿意尝试去做的改变给予欣赏和肯定，会增加他的信心和力量，并会更有信心和动力持续去做和做得更多。一次、两次……持续地去，会自然形成你们共同的良好生活习惯，如每周固定一起去健身房运动锻炼、每月安排一次短程的旅游活动等，创造你们共同的兴趣爱好和满意生活。

采取主动的态度和行动

宅男性格往往比较被动、消极和退缩，对习惯的生活和活动感到安全和不想轻易改变。他会在晚餐后习惯回到他的"洞穴"，他可能告诉你"我上一下网就好"、"我回一下邮件"，但一坐在电脑前就是两三小时。所以，你要等待他主动意识到你们生活缺乏交流和关系疏离，不晓得要等到何年何月。因此你要主动做出安排和邀请，引领他走出"洞穴"，安排些户外的、互动的且是他感兴趣或不排斥的事情。

也许他开始会感到不耐烦或不自在，不用太在意，如他陪你逛街购物时，明确告诉他只要一小时或半小时。如果他开始不耐烦，就请他到附近咖啡厅坐着等你，千万不要因此发生争执或不快，不然，失败经验会让他更逃避和退缩，如"我不想出去，你自己去，每次和你出去都闹得不愉快"，这会导致你们生活和情感距离越来越远。

重新安排每天的伴侣生活

当你的另一半是宅男,你们可能因没有共同话题和兴趣爱好,交流越来越少、关系也越来越疏离,你会觉得你们好像是室友、不是伴侣,最后变得各做各的、各过各的。要改变逐渐疏离和冷漠的生活,你们需要重新安排生活时间和活动,讨论和约定哪些事情和活动是每天要做的、每周固定要做的、每月定期去做的,和不定期但可预期要去做的,并划分哪些事情是你自己去做、你们一起做、你们和孩子一起做,如每天有10分钟的交流、在每周末有半天是你们一起运动锻炼、每月有一次和朋友的聚会。

你可以使用"今日行动卡"把每天要进行的事情或活动写在上面,把已经完成的打钩,每天检讨哪些是没有完成的,探讨原因和做出改善。在生活调适初期,给予他适当的独处时间,如每天晚上八点到九点、周六上午时间,让他回到他感到安全的"洞穴",整理他的思绪或舒缓压力。

使伴侣生活更新而有变化

宅男的生活通常倾向过度静态和单调,即使你勉强做出妥协和迁就他,虽然维持了表面的平淡、和谐,但毕竟不是长久之计,伴侣和家庭生活容易变得枯燥乏味,缺乏生活乐趣。所以,要在生活当中多些尝试、冒险、挑战,用不一样的方式来过生活,增加生活的新鲜感。找一个完整的时间,坐下来列出你们一直想去做但未做的事情,如学打高尔夫球、到某个岛屿旅行等,把这些事情放到你们的生活计划里面,让宅男能够动起来。

其次,要扩充你们的生活圈,宅男大部分时间都在自我世界里,安排时间探望双方父母和家人,也定期和熟识的朋友聚会或一起旅行,或尝试认识些共同的新朋友。再其次,一起培养新的兴趣爱好,如园艺、舞蹈,或者一起上些心理或心灵课程,经常做不一样的事情才能让生活变得不一样。

对付宅男需要有智慧和技巧,太过勉强或逼迫只会使他进一步躲到自己感到安全的洞穴。你需要先接纳他的本性使他感到安全,再尝试做出小改变让他觉得有新意,采取主动态度以温和姿态引导他,重新安排两人生活从而养成好的习惯。经常做些生活变化,化枯燥为乐趣,宅男也会变得浪漫热情。

叫男人不敢外遇

有人说男人有三种，一是已经有外遇，另一种是还没有但想要有外遇，还有一种是性无能以致无法外遇。虽然有点夸张，但在现实生活里，外遇俨然成为侵蚀和破坏伴侣和家庭的最大杀手，你与其哭着或生气着处理已发生的外遇，倒不如先学会叫你的男人不敢外遇。

2010年，国内共有267.8万对离婚的怨偶，我们不禁要想这当中有多少对是因为一方外遇而导致的婚姻破裂。我们从许多婚姻调查中不难发现，外遇问题成为夫妻离婚的主要原因，要保卫你们的伴侣或婚姻关系，就需要智慧地采取手段叫你的男人不敢外遇，等到外遇发生再做补救，对你和关系的伤害通常就很难愈合了。

男人为何喜欢外遇

要叫男人不外遇或不敢外遇，我们需要先从男人外遇的内在心理需求做出分析。男人会想或有外遇必然有他期待从外遇行为要获得的需求满足，当你了解了男人到底期待从外遇中获得什么，将能帮助你做出更为有效的因应。

1. 性兴奋或愉悦：男人常因为性冲动发生外遇，这样的情况特别是在伴侣关系性生活不和谐时，例如，另一半拒绝性生活或低性欲、另一半怀孕等。

2. 受到爱慕：男人期待获得女人的欣赏、爱慕、认同或崇拜。在婚姻生活中受到忽略或不被爱慕的男性，会去寻找那些带着崇拜眼神和情感依赖他的女性。
3. 感到被需要：有些男人希望从第三者处获得重要感和价值感，重新觉得自己是重要的、被需要的，当他在伴侣关系中觉得不被需要，会转而从外遇关系中获得。
4. 获得亲密感："男性是因性而外遇，女性是因爱而外遇"这句话只说对一半，性和爱的需求都是两性关系的需求，婚姻关系是这样，外遇关系也是。

绝招一：要先算算男人外遇的几率

在这样超高离婚率的时代，伴侣交往和结婚之前，要先用计算机来算算另一半可能会有外遇的几率，再做出理性和明智的选择，以免在未来生活中自讨苦吃。如果一个男人他的自我控制能力低，在他成长的家庭父母或其他家人有外遇的情况，他原本就对婚姻和家庭承诺和归属感薄弱，他所做的工作或事业经常要到声色场所应酬而他觉得不以为意，拥有这些人格特质、家庭背景、婚姻家庭观或职业性质的人，往往在婚后的外遇几率要比他人高出许多。

你也不要轻易相信男人在交往期间表现出滥情或劈腿会因结婚就稳定下来，在交往期间他就已背着你和其他女人交往，这种对伴侣关系不忠诚或低承诺的男人往往在婚后也会有外遇。即使他是你从别的女人那儿成功抢过来的，你也别高兴得太早，因为那表示他未来很容易移情别恋。如果他和之前女友纠缠不清、念念不忘，你也要当心这样的男人在婚后也会和前女友藕断丝连。当你算出来这男人外遇几率很高，而你仍决意要冒险，你要先做好心理准备和防范措施，毕竟"素质"是很重要的。

绝招二：让他知道要承受的严重后果

男人外遇时往往会天真地想"我保护得很好、不会被发现"，或用些借口说服自己"我只是玩玩，不会对婚姻或家庭有什么影响"，有些男人更有恃无恐地认为"即使另一半知道了，也拿我没办法"，再加上《婚姻法》新解释好像让男人离婚成本大大降低，以及国内法律对男人外遇的无约束力，都让男人心存侥幸心理。我们要正视的是男人习惯用"下半身"思考，还有大部分时候都想着性，这也许就是男人的"人性"或"兽性"。

听起来，要让男人增加他对"性"的自我控制力，能在精虫冲脑时紧急煞车，是高难度挑战，尤其是在小三采取主动攻势时，很少男人能抗拒得了"天上掉下来的礼物"。所以，你要让他深刻知道他需要为一时快感或性欲付出重大代价和严重后果，如搬出家门、净身出户、失去家庭，才可能让他对性试探有些抵抗力。当然，你不需要每天耳提面命地告诫他，但你确实需要先和他立个契约，以及定期善意提醒他，毕竟，男人都是健忘的或会选择刻意忘记。

绝招三：注意和掌握可疑的线索

男人外遇就像"火烧"一样，如果你想扑灭它就要趁早，等到火势已经很旺就困难了。其实，女人在情感关系的直觉上要比男人强得多，面对外遇问题不仅要有直觉，更要配合现实观察和理性判断。可以从他最近的态度和行为变化做出评估，如：经常晚归或不归、在外出差过夜的次数增多、可疑电话增多、出门备有安全套或避孕用品、信用卡不明消费增多、过度谨慎保管手机、排斥和你有身体接触或性生活等。虽然有这些情况并不表示他一定有外遇，但你确实需要跟紧点了。

我们把男人外遇的发展分为六个阶段，依序为企图期、尝试期、迷恋期、稳定期、冲突期和决定期，你最好能赶在他还在企图或尝试期，就是他开始有寻找其他对象获得情感或性满足的想法，以及他开始主动对其他女人表示好感或开始有社交性邀约或较为亲近互动的时期就把火扑灭，否则等到进入迷恋期或稳定期想要挽回就很难了。所以，你需要睁大眼睛，不是鼓励你猜疑他，而是要关注不寻常的事物和线索，并做出有效的因应。

绝招四：先定好两性关系的界限

虽说"预防胜于治疗"听起来有点老套，但对于男人外遇做出预防措施是极为重要的，不要等到发生了再收拾残局。男人容易跨越两性关系的红线，很难去抵抗性的试探，正如《圣经》主祷文提到"叫我们远离试探"，是要"远离"而不是要"胜过"试探。别认为你的男人是柳下惠能坐怀不乱，何况这故事极大可能是虚构的，不要单纯（或"蠢"）地认为他只是经常顺路接送一下女同事，或者他只是在网上好玩地和其他女人搞搞暧昧而已，问题往往都是从这样开始的。

你需要为保护伴侣关系和家庭，做出他和其他女人关系互动界限的约定,就是画出清楚的红线。当然,你要他不能和其他女人接触是不实际的,但要清楚界定界限并形成约束力的约定,即哪些是他和其他女人互动时被禁止或限制的行为,例如,不单独接送其他女性,不和其他女性单独共处一室,除非工作需要外不和其他女性单独用餐,不到声色场所交际应酬。你会觉得是不是太严苛,不,原本的"温馨接送"常会送出"情"来,接下来,就送出"性"来。当男人告诉你"你不要这么大惊小怪"、"这根本没有什么"时,他已经开始为"外遇之门"开缝隙了。

绝招五:关注男人的朋友群和社会网络

有些男人外遇是被带坏的,或正确地说是同流合污,别相信你的男人是那种"出淤泥而不染"的清高之流,他跟什么样的人在一起往往也会变成那样,这是"潜移默化"来的。比如,他会说"我的朋友都是这样,这有什么大惊小怪"、"不陪客户去那种地方,怎么做生意",在这样的朋友群和社会氛围中,男人要不外遇也蛮困难的。当他经常往来的朋友大都有外遇的情况,不论是固定对象的情感型、召妓的性交易型、放纵情欲的一夜情型,往往会使他对外遇开始接纳和认同,并酝酿和尝试。

你需要鼓励他改变周围的朋友群,远离这样的朋友或者限制和这样朋友的活动。但当另一半是较喜欢社交活动和人际交往的人时,你限制或禁止他的社交活动,也许他在短期内愿意做出让步,但却会逐渐积累不满,常会引起反效果,隐瞒你再偷偷地去,如此将破坏彼此的信任、引发你更多怀疑。较好的处理方式是你们有共同的朋友,并能和这些朋友定期聚会和活动,不仅丰富你们夫妻的生活,也有更强的约束力量。其次,可以鼓励或介绍另一半和较为优质的同性朋友交流和活动，建立他对婚姻和家庭的角色和责任。

绝招六：创造美好伴侣性和爱

伴侣长期无性生活或性生活不和谐虽不能作为男人外遇的借口，但这问题往往是外遇的原因。性欲需求对大部分男人就好赖以生存的食物那么重要。所以，伴侣要尽力创造充满愉悦和激情的美好性生活，避免因孩子而忽略男人在性和情感上的需要，也不要用性作为手段，在伴侣冲突时拒绝他的求爱来惩罚他。如果你这么做，当两人变得都无性趣或外遇发生时，想要挽回恐也为时已晚。

男人外遇被发现时，也常以"在家里得不到温暖"作为脱罪的借口。我们回到伴侣关系的本质来看，让男人在伴侣关系和家庭里感到自己是重要和有价值的，而不是被忽略的，给予男人可以有的欣赏和爱慕，他会有信心和力量做得更好。想想他在公司或社会受到其他女人崇拜或吹捧，回到家里却被你批评得一文不值，他会感受不到自己的价值，觉得自己是不被需要的。所以，在伴侣关系里，满意的性和情感不仅是预防外遇，也是两人获得幸福的关键。

《圣经》提到"婚姻，人人都当尊重，床也不可污秽"，伴侣双方都要为保有幸福婚姻做出努力，而尊重和维护婚姻正是前提。你需要选择好的男人，和他共同创造美好的性和亲密，但也要让他知道严重后果、远离试探、慎选朋友，同时注意征兆和因应，才能打赢这场婚姻保卫战。

想好再说分手，婚姻关系抉择的智慧

你要想好再结婚，更要想好再离婚。当婚姻出现问题或危机时，你需要停下来、想一想，再做出决定，不要太快加入离婚者行列。你要在适当时候做出适当决定，掌握婚姻抉择的正确认知，认真思考重要影响因素，才能负责任地做出智慧抉择。

晓丽和先生结婚五年，育有一个三岁的孩子，最近夫妻常常发生争执，晓丽责怪先生经常出差、无故晚归、忽略家人，先生也为晓丽将大部分时间和精力都放在孩子上、忽略他的需要而感到不满。后来，晓丽无意中发现先生手机中有与其他女性的暧昧短信往来，经晓丽逼问，先生承认和小三已交往半年。晓丽想到这段时间先生无情冷落，自己却为家庭和孩子牺牲，就连想也没想，坚决提出离婚。

怡君也同样遭遇先生外遇的问题，双方历经严重的争执、彼此冷漠，到相应不理，先生提出离婚，怡君顾及两岁孩子而坚持不离婚，此后先生经常借故不回家，后来，干脆搬出去住，并置家庭不顾。双方就在各过各的情况下过了三年，怡君经常整日为这样的生活感到沮丧、抑郁。

在适当时候做出适当决定

面对婚姻冲突或危机要掌握"适当时候做出适当决定"的原则，选择在适当时候做出决定，不要太快而做出冲动的决定，也不要太慢而不断地拖延。晓丽因一时愤怒和冲动，没有做出冷静理性思考就放弃努力和结束婚姻，事后往往会为自己的冲动感到后悔。但也不要像怡君那样一直逃避、犹豫、拖延，使自己身陷无止境的痛苦。

当你面对婚姻问题或危机以至于你需要做出婚姻关系是否持续的决定时，此时没有"最好的决定"，也没有"最不好的决定"，只有对你或你们现在和未来"适当的决定"。当你能做出评估和决定，并能为自己的决定负责任，无论是复合后的重建婚姻，或者分开后的重建自己，对你的人生来说，这就是最适当的选择。

婚姻关系决定的五个认知

"态度决定命运"，做出婚姻关系或重大决定时，如果你的态度是被动消极的，不断拖延或被压迫，过度主观而忽略事实或其他可能性，或者只知做出牺牲而忽略自己，那么只会有两种悲惨结果，一是这不是你真正想要的，你会觉得是被迫或不得已才做出这样的决定；二是你无法从中获得你想要的生活和情感，你忽略自己的需求而只想到别人。因此，你需要采取以下五个做决定的态度。

态度一：你要采取主动积极的态度

你需要采取主动积极的态度和行动，而不是被动消极。当你采取主动积极的态度，能帮助自己更有掌握感地做出计划和采取行动。想好什么时候做什么事情，包括收集信息、促成讨论、掌握现况、做出评估和决定，而不是觉得自己不断地被另一半或他人压迫、威胁，在"不得不"的情况下做出被动的决定。

其次，你能保有你的自尊和价值，知道和相信你是"做选择"，而不是"被选择"，你是在为自己期待的婚姻关系和生活做出负责任的选择。相对的，当你觉得是被迫的、没有选择余地、不得不这么做时，你会觉得被拒绝、被离弃，或委曲求全，明显造成你的低自尊和无价值感。

态度二：你要做出合理客观的评估

唯有进行合理客观评估才能做出更有把握的决定。首先，你需要让自己有更为宽广的思考，先放下自己的既定想法或偏见，想到更多的可能性，针对每个可能性的现在情况和未来预期收集相关信息，包括双方和他人的意见，这样才能做出更为合理的评估及判断，而不是单凭个人感受、价值观做出判断。

其次，你要做出更完整的评估，能考虑到各种层面和因素，而不单是某一方面或只有部分，如你只考虑到孩子，而忽略自己的情感需求和未来的婚姻品质，使自己处在持续的痛苦中。你也要考虑到可能的正面或负面结果，而不是为你的"想要的决定"只想到正面的而忽略负面的，或为你"不想要的决定"只想到负面的而忽略正面的。

态度三：你要同时考虑现在和未来

我们需要接受一个事实："我们无法改变过去，只能改变现在和未来"。做出婚姻决定时不要只看过去，要更多想到现在和未来。第一是"现在"，你们现在的婚姻关系如何？是亲密的还是冷漠的？是相互关怀还是相应不理？

如果另一半有外遇，他现在对外遇问题的态度为何？"现在"能提供给你最为实际的信息，所以，你首先需要对现在的事实和状态做出观察和评估。

其次是"未来"，你所做婚姻关系的决定将使你未来的人生走向不同的方向，往左或往右，影响着你未来的生活方式、婚姻状态、家庭形态、理想目标等等。所以，你需要有更多的未来性思考，接下来会如何？一个月之后？一年之后？五年之后？十年之后？你们愿意去改善和重建未来的婚姻关系吗？你未来能获得你所期待的理想生活吗？这样的决定或改变对你或孩子未来可能的影响如何？

态度四：你要为自己的理想生活负责

做出婚姻关系的决定时，你要掌握两个"为自己"。首先，是为"爱自己"做出选择，一个不懂得爱自己的人往往也不知道如何爱别人，如果你在婚姻和家庭里一直扮演牺牲者，忽略自己的生活和情感需求，不但会使自己失去生活乐趣、理想，也可能变得更没吸引力，还可能因为你的不满意而经常抱怨、批判另一半。

其次，是为自己"负责任"做出选择，要为你自己想要的生活做出选择，而不是为了他人，包括另一半、孩子、父母、社会等。因为生活是属于你自己的，无论是愉快或痛苦，决定婚姻关系的方向也决定你现在和未来的生活，所以，当你考虑婚姻关系时，要能以自己期待的婚姻关系和生活为优先考虑。

态度五：你要考虑双方的意愿和决定

婚姻关系的维持和改善是需要双方有相同的意愿和共同做出努力的，

所以你不仅要考虑你自己是怎么想或怎么做的，也要慎重考虑另一半的态度和决定。如果一直以来，只有你一个人单方面的意愿和努力，没有获得另一半的回应和反馈，这样的等待和努力效果是非常有限的，也将引发你更多的埋怨，自尊变得更低。

婚姻抉择必考虑十五个因素

虽然说做出婚姻关系决定要多些理性、少些感性，但个人情感和价值观往往会左右你的决定。每个人关注的点不同，有人考虑到生活方式的改变、有人在乎对孩子成长的影响、也有人考虑到彼此未来是否能和谐相处。你可以客观评估你的决定对以下这些因素的影响或结果，想想这些因素对你而言，重要程度为何？以及现在实际情况为何？或者造成的影响为何？

1. 你的财务经济：是否严重影响到你和家庭的经济来源？你现在有工作并有稳定的经济来源？还是需要仰赖另一半的供应？
2. 你的工作事业：是否影响你的工作事业的存续和发展？对你的工作会造成重大冲击，甚至导致失业吗？
3. 你的生活方式：是否对你现在的生活方式或品质产生重大影响？你能承受这样的改变？
4. 你的社会地位：是否对你的社会地位或名声产生重大影响？
5. 你们的信任程度：你们现在对彼此还能信任或还有某个程度的信任感吗？
6. 你们的努力意愿：你们现在对婚姻关系的改善，双方都有努力的意愿和行动？

7. 你们的婚姻关系：你们现在对婚姻关系感到满意？过去这段时期，你们曾做出努力和有实际的改善？

8. 你们的冲突解决：你们现在对婚姻的问题或冲突，能进行沟通和协调？

9. 你们的关系承诺：你们现在对婚姻关系的忠诚和持续，双方都愿意做出承诺并负责任？

10. 你们的婚姻期望：你们现在仍然对婚姻未来抱持着美好的期望和理想？

11. 你们的危机处理：你们面对的婚姻问题或危机，一方或双方是否能做出承诺且在有限时间内解决问题？

12. 你们的创伤经验：你们过去这段时期，是否经常出现言语或肢体的暴力，伤害对方的自尊或身体？如果有这样的情况，你们觉得可以彼此宽恕和修复吗？

13. 你们的愉快经验：你们的婚姻及家庭生活有许多美好和愉快的经验？你们关系互动较多是正面和愉悦？

14. 孩子：你们有年幼或未成年的孩子？你们会担心这决定对孩子的人格、心理或婚姻观念等造成负面影响？你们会担心未来孩子的扶养和管教？

15. 亲友：你的父母或重要亲友大都支持改变？另一半和你的父母或亲友的关系是融洽或亲近？

当你走到婚姻或情感关系的十字路口，要选择向左走或向右走时，你和另一半需要先停下脚步，想想你是否已经做出可以有的努力和改变，你的情绪是缓和且冷静的，你是否已经对你们的决定做出合理后果的思考和分析，你是否已经对决定后的生活和关系改变做好实质上的心理准备，这些都能帮助你做出智慧的决定。

www.ingramcontent.com/pod-product-compliance
Lightning Source LLC
Chambersburg PA
CBHW070935180426
43192CB00039B/2213